FERRAMENTAS QUALITATIVAS E QUANTITATIVAS APLICADAS À TOMADA DE DECISÃO EM LOGÍSTICA

Luís Otavio de Marins Ribeiro

FERRAMENTAS QUALITATIVAS E QUANTITATIVAS APLICADAS À TOMADA DE DECISÃO EM LOGÍSTICA

Freitas Bastos Editora

Copyright © 2022 by Luís Otavio de Marins Ribeiro
Todos os direitos reservados e protegidos pela Lei 9.610, de 19.2.1998.
É proibida a reprodução total ou parcial, por quaisquer meios,
bem como a produção de apostilas, sem autorização prévia,
por escrito, da Editora.

Direitos exclusivos da edição e distribuição em língua portuguesa:

Maria Augusta Delgado Livraria, Distribuidora e Editora

Editor: *Isaac D. Abulafia*
Diagramação e Capa: *Julianne P. Costa*

Dados Internacionais de Catalogação na Publicação (CIP) de acordo com ISBD

R484f   Ribeiro, Luís Otavio de Marins
            Ferramentas Qualitativas e Quantitativas Aplicadas à Tomada de
            Decisão em Logística / Luís Otavio de Marins Ribeiro. - Rio de Janeiro :
            Freitas Bastos, 2022
            122 p. ; 14cm x 21cm.

            Inclui bibliografia e índice.
            ISBN: 978-65-5675-100-9

            1. Administração. 2. Ferramentas Qualitativas e Quantitativas. 3.
            Tomada de Decisão. 4. Logística. I. Título

2022-414   CDD 658
                                                                                         CDU 65

Elaborado por Vagner Rodolfo da Silva - CRB-8/9410

Índices para catálogo sistemático:
1. Administração 658
2. Administração 65

Freitas Bastos Editora
atendimento@freitasbastos.com
www.freitasbastos.com

SUMÁRIO

ÍNDICE DE FIGURAS XI
INTRODUÇÃO XV

1 GESTÃO DA ESTOCAGEM 1

2 CUSTOS E RISCOS DO ESTOQUE 3
2.1. JUST IN TIME (JIT) 4
2.2. CUSTO DE ESTOCAGEM 5
2.3. CÁLCULO DO GIRO DO PRODUTO E DA COBERTURA
DO ESTOQUE 8
2.3.1. Cálculo do Giro do Produto 9
2.3.2. Cálculo da Cobertura do Estoque 10
2.4. NÍVEL DE SERVIÇO E PONTO DE REPOSIÇÃO 12
2.4.1. Nível de Serviços 12
2.4.2. Ponto de Reposição 15
2.4.3. Exemplo da aplicação do nível de Serviço e do Ponto
de Reposição 16
2.5. EXERCÍCIOS DE FIXAÇÃO DO CAPÍTULO 2 18

3 USO DA CURVA ABC 21
3.1. CURVA ABC PELO CUSTO TOTAL NO MS EXCEL 23
3.2. CURVA ABC PELO CONSUMO 27
3.3. CURVA ABC: COMPARAÇÃO DO CUSTO TOTAL
COM O CONSUMO 31
3.4. EXERCÍCIOS DE FIXAÇÃO DO CAPÍTULO 3 32

4 GESTÃO DA ARMAZENAGEM ... 33
4.1. EXTENSÃO DE EMPRESAS ... 33
4.1.1. Centrais de Distribuição (CD's) ... 33
4.1.2. Transit Point ... 34
4.2. CROSSDOCKING ... 35
4.3. LAYOUT DE ARMAZÉNS ... 35
4.4. CUSTO DE UTILIZAÇÃO DE CONTÊINERES ... 37
4.5. CUSTO COM MOVIMENTAÇÃO DE PALLETS ... 44
4.6. EXERCÍCIOS DE FIXAÇÃO DO CAPÍTULO 4 ... 46

5 GESTÃO DO TRANSPORTE ... 49
5.1. SISTEMA DE TRANSPORTE ... 49
5.2. MODAIS DE TRANSPORTES ... 50
5.3. MODELOS DE TRANSPORTES ... 55
5.4. CÁLCULO DO CUSTO COM TRANSPORTE COM FROTA PRÓPRIA ... 57
5.5. CÁLCULO DO CUSTO COM TRANSPORTE COM TERCEIRIZAÇÃO ... 66
5.6. EXERCÍCIOS DE FIXAÇÃO DO CAPÍTULO 5 ... 72

6 ESTUDOS DE CASOS ... 75
6.1. ESTUDOS DE CASOS DO "CAPÍTULO 2" ... 75
6.1.1. Estudo de caso da "Gestão da demanda" ... 75
6.1.2. Estudo de caso da "Gestão da estocagem" ... 76
6.1.3. Estudo de caso "Gestão do giro e cobertura do estoque" ... 76
6.1.4. Estudo de caso "Gestão do nível de serviço perfeito" ... 77
6.1.5. Estudo de caso "Gestão do nível de serviços, ponto de reposição e estoque de segurança" ... 78
6.2. ESTUDOS DE CASOS DO "CAPÍTULO 3" ... 79

6.2.1. Estudo de caso "Gestão da curva ABC do custo total com a acurácia"..79

6.2.2. Estudo de caso "Gestão da curva ABC do consumo com a acurácia"...80

6.3. ESTUDO DE CASOS DO "CAPÍTULO 4"............................81

6.3.1. Estudo de caso "Gestão da Central de Distribuição (CD) e Transit Point"..81

6.3.2. Estudo de caso "Gestão da ferramenta de crossdocking"..81

6.3.3. Estudo de caso "Gestão de implantação de layout".........82

6.3.4. Estudo de caso "Gestão do custo com a utilização do contêiner"...83

6.3.5. Estudo de caso "Gestão do custo da utilização dos pallets"..84

6.4. ESTUDOS DE CASOS DO "CAPÍTULO 5"............................85

6.4.1. Estudo de caso "sobre sistemas de transportes"...............85

6.4.2. Estudo de caso "Gestão sobre modais de transportes"......86

6.4.3. Estudo de caso "sobre modelos de transportes"................86

6.4.4. Estudo de caso "do custo do transporte com frota própria"..87

6.4.5. Estudo de caso "Gestão do custo do transporte com terceirização"...89

7 RESOLUÇÃO DOS EXERCÍCIOS DE FIXAÇÃO E DOS ESTUDOS DE CASOS..91

7.1. RESOLUÇÃO DOS EXERCÍCIOS DE FIXAÇÃO................91

7.1.1. Resolução dos exercícios de fixação capítulo 2..................91

7.1.1.2. Gabarito exercício de fixação 2:....................................91

7.1.1.3. Gabarito exercício de fixação 3:....................................92

7.1.1.4. Gabarito exercício de fixação 4:....................................92

VII

7.1.1.5. Gabarito exercício de fixação 5: 92
7.1.2. Resolução dos exercícios de fixação capítulo 3 93
7.1.2.1. Gabarito exercício de fixação 1: 93
7.1.2.2. Gabarito exercício de fixação 2: 93
7.1.3. Resolução dos exercícios de fixação capítulo 4 94
7.1.3.1. Gabarito exercício de fixação 1: 94
7.1.3.2. Gabarito exercício de fixação 2: 94
7.1.3.3. Gabarito exercício de fixação 3: 94
7.1.3.4. Gabarito exercício de fixação 4: 94
7.1.3.5. Gabarito exercício de fixação 5: 95
7.1.4. Resolução dos exercícios de fixação capítulo 5 95
7.1.4.1. Gabarito exercício de fixação 1: 95
7.1.4.2. Gabarito exercício de fixação 2: 95
7.1.4.3. Gabarito exercício de fixação 3: 96
7.1.4.4. Gabarito exercício de fixação 4: 97
7.1.4.5. Gabarito exercício de fixação 5: 98
7.2 RESOLUÇÃO DOS ESTUDOS DE CASOS 98
7.2.1. Estudo de caso do capítulo 2 98
7.2.1.1. Gabarito estudo de caso 1: 98
7.2.1.2. Gabarito estudo de caso 2: 98
7.2.1.3. Gabarito estudo de caso 3: 99
7.2.1.4. Gabarito estudo de caso 4: 99
7.2.1.5. Gabarito estudo de caso 5: 99
7.2.2. Estudo de caso do capítulo 3 100
7.2.2.1. Gabarito estudo de caso 1: 100
7.2.2.2. Gabarito estudo de caso 2: 100
7.2.3. Estudo de caso do capítulo 4 101
7.2.3.1. Gabarito estudo de caso 1: 101
7.2.3.2. Gabarito estudo de caso 2: 101

7.2.3.3. Gabarito estudo de caso 3: 101
7.2.3.4. Gabarito estudo de caso 4: 101
7.2.3.5. Gabarito estudo de caso 5: 102
7.2.4. Estudo de caso do capítulo 5 102
7.2.4.1. Gabarito estudo de caso 1: 102
7.2.4.2. Gabarito estudo de caso 2: 102
7.2.4.3. Gabarito estudo de caso 3: 103
7.2.4.4. Gabarito estudo de caso 4: 103
7.2.4.5. Gabarito estudo de caso 5: 103

Referências Bibliográficas **105**

ÍNDICE DE FIGURAS

Figura 1: Representação do Custo de Estocagem............5
Figura 2: Aplicação do método do "Custo de Estocagem" no MS Excel............8
Figura 3: Representação do Giro do Produto............9
Figura 4: Aplicação do método de "Giro" no MS Excel............10
Figura 5: Aplicação do método de "Giro" e de "Cobertura" no MS Excel............11
Figura 6: Aplicação do estoque médio e do nível de serviço no MS Excel............17
Figura 7: Aplicação do estoque médio e do nível de serviço no MS Excel............17
Figura 8: Tabela inicial da curva ABC no MS Excel............23
Figura 9: Tabela da Curva ABC com custo total e ordenada no MS Excel............23
Figura 10: Tabela da Curva ABC com custo total e ordenada no MS Excel............24
Figura 11: Tabela da Curva ABC com percentual e percentual acumulado por produto no MS Excel............25
Figura 12: Tabela da Curva ABC com os produtos separados pela curva no MS Excel............25
Figura 13: Tabela da Curva ABC e da acurácia pela curva no MS Excel............26
Figura 14: Tabela da acurácia pela curva no MS Excel............26
Figura 15: Tabela da Curva ABC inicial no MS Excel............27
Figura 16: Tabela da Curva ABC com consumo e ordenada no MS Excel............28
Figura 17: Tabela da Curva ABC com percentual e percentual acumulado por produto no MS Excel............28

Figura 18: Tabela da Curva ABC com os produtos separados
pela curva no MS Excel 29

Figura 19: Tabela da Curva ABC e da acurácia pela curva
no MS Excel 30

Figura 20: Tabela da acurácia pela curva ABC no MS Excel 30

Figura 21: Tabela de comparação das aplicações pela curva
ABC no MS Excel 31

Figura 22: Tabela com os dados para o desenvolvimento da
curva ABC 32

Figura 23: Tabela exemplo para o desenvolvimento da acurácia ... 32

Figura 24: Foto das instalações da CD da NILFISK 34

Figura 25: Foto do processo do Transit Point da FTI Logística 34

Figura 26: Representação do layout em "Linha" 35

Figura 27: Representação do layout em "L" 36

Figura 28: Representação do layout em "U" 36

Figura 29: Representação do layout em "U" com o corredor
de crossdocking 37

Figura 30: Contêiner standard para carga não perecível de
20 pés 38

Figura 31: Contêiner standard para carga não perecível de
40 pés 39

Figura 32: Cálculo do custo pela utilização do contêiner 43

Figura 33: Cálculo do custo pela utilização dos pallets 46

Figura 34: Cálculo do custo fixo do transporte de carga com
frota própria 62

Figura 35: Tabela de conversão do custo fixo de mês para km 63

Figura 36: Cálculo do custo variável total por veículo e o
custo variável total de toda a frota km 65

Figura 37: Cálculo utilizando o modelo da Unimodalidade
pelo site da EPL com 1.922 km 69

XII

Figura 38: Custo: modelo da Intermodalidade pelo site da
EPL com 216 km de modal rodoviário..70

Figura 39: Custo: modelo da Intermodalidade pelo site da
EPL com 750 km de modal ferroviário..71

Figura 40: Custo: modelo da Intermodalidade pelo site da
EPL com 850 km de modal aquaviário..71

Figura 41: Custo total entre os resultados com o modelo da
Unimodalidade vs. Intermodalidade..72

Figura 42: Tabela com os dados para o cálculo da curva
ABC pelo custo total...79

Figura 43: Tabela com os dados para o cálculo da curva ABC
pelo consumo..80

INTRODUÇÃO

A logística se tornou imprescindível para as empresas atualmente, ela possui um conjunto de ferramentas que nos permite entender situações e, assim, tomarmos decisões mais acertadas. Dentre as ferramentas estão as qualitativas, agindo nas adequações dos processos e as quantitativas, como os cálculos dos custos.

Nesse livro iremos tratar algumas dessas ferramentas. O livro está dividido em oito capítulos. No capítulo 2 teremos a gestão do estoque, trazendo um olhar do autor quanto à utilização do *"Just In Time* – JIT", que ajudará no entendimento de algumas questões relacionadas ao estoque, como: Qual é a real necessidade de estoque de uma empresa?

Neste capítulo também é tratado o cálculo dos custos com o estoque, o cálculo do "giro" do produto e como verificar se ele, o estoque, cobre a demanda do mercado. Será trabalhado o cálculo do "ponto de reposição", ferramenta que nos permite entender quando repor o estoque.

Ainda existe um tópico onde é oferecido um exercício de fixação para cada método aplicado nesse capítulo.

No capítulo 3 é trabalhado o cálculo da Curva ABC, tanto para o custo total, quanto para o consumo e é explicado quando e porque utilizar cada um deles. Através de dados do inventário, também é trabalhado o nível de acurácia dos itens pertencentes a cada curva.

No capítulo 4 são trabalhados os conceitos de Centrais de Distribuição (CDs), *Transit Point, Crossdocking, Layout* de armazéns, o cálculo dos custos de utilização de contêiner e de utilização de Palete. Todos envolvidos diretamente nos custos ligados a armazenagem.

No capítulo 5 são trabalhados os conceitos de modais de transportes, modelos de transportes como a unimodalidade de transportes, a intermodalidade de transportes e a multimodalidade de transportes, além dos cálculos do custo com transporte com frota própria e o cálculo do custo com transporte com terceirização.

No capítulo 6 são ofertados estudos de casos ligados a cada método de cada capítulo, trazendo uma visão prática de situações ímpares do mercado onde podem ser utilizados os métodos logísticos.

No capítulo 7 são apresentadas as expectativas de solução para cada estudo de caso e as soluções dos exercícios de fixação.

1
GESTÃO DA ESTOCAGEM

Para iniciarmos o capítulo de gestão de estoque, teremos que responder à questão: qual é a real necessidade de estoque de uma empresa? Respondendo à questão, podemos justificar a formação de estoque nas empresas em função das incertezas.

As incertezas podem ser relacionadas com a demanda e com a necessidade de ressuprimento. Com relação à demanda, quando uma empresa não tem noção das vendas de cada um de seus itens em estoque e com relação ao ressuprimento, quando está ligado diretamente ao fornecimento. É importante nos lembrarmos que é tão ruim ter um estoque muito alto, quanto ter um estoque que não atenda a necessidade dos clientes. Logo, se deve ter um estoque equilibrado, para atender a demanda do período.

Já que não ter estoques, ou o que se chama de estoque zero é algo improvável de ser conseguido pela grande maioria das empresas, pois a falta de produtos poderia causar problemas de perda de credibilidade no mercado, o que se pretende é que os estoques sejam mínimos, não renunciando ao nível de serviço ao cliente que envolve também a disponibilidade de itens em estoques para que os pedidos possam ser atendidos de forma imediata.

Esse equilíbrio é de fundamental importância e, só com uma gestão eficiente poderá ser alcançado.

Função dos Estoques

Deve ser entendido como função precípua do estoque, suprir os clientes internos e externos de uma empresa através de um controle lógico e racional, minimizando os custos investidos. Alguns casos que devem ser levados em consideração:

- Garantir a disponibilidade de insumos para a produção;
- Amortecer o período de ressuprimento;
- Reduzir o custo do transporte (maiores lotes) e
- Garantir o atendimento ao mercado.

2
CUSTOS E RISCOS DO ESTOQUE

Alguns custos e riscos de se manter um estoque inadequado são elencados abaixo:

▶ Imobilização do capital de giro;
▶ Ocupação e manutenção de áreas;
▶ Necessidade de equipe para controle;
▶ Seguros;
▶ Roubos e furtos;
▶ Avarias;
▶ Deterioração;
▶ Obsolescência e
▶ Custo de faltar estoque.

Nesse capítulo traremos a aplicação de uma ferramenta qualitativa, o *Just In Time* (JIT), que já é utilizado em termos globais desde o fim da Segunda Guerra Mundial, criado por Taiichi Ohno e Eiji Toyoda, funcionários da Toyota Motors. No Brasil, só foi possível sua aplicação após a estabilidade da economia na década de 1990, com a implantação da moeda Real.

Também serão tratadas cinco ferramentas quantitativas: a primeira, o cálculo do custo de estocagem, com a intenção de enfatizar o alto custo com a aquisição ou produção dos produtos, demonstrando a necessidade do uso do JIT. A segunda ferramenta será o "giro do produto", enfatizando a necessidade de conhecer o tempo de permanência do produto na empresa, seu resultado será utilizado para a aplicação da terceira ferramenta, a "cobertura de estoque", gerando assim a possibilidade de tomar decisões com relação à cobertura da demanda prevista, consequentemente propiciando a melhor cobertura da demanda. A quarta ferramenta será o nível de serviço, que nos permite entender o nível dos nossos processos de atendimento ao cliente. A quinta ferramenta será o ponto de reposição, garantindo que nosso estoque tenda a zero, porém não chegando a zerar, com um estoque de segurança que nos permite atender as pequenas oscilações da variação da demanda.

Antes de iniciarmos, precisamos entender que "estocagem" é diferente de "armazenagem".

Quando estamos tratando de estocagem, tratamos do produto em si, ou seja, daquele que poderá ser adquirido para a revenda, sejamos varejistas, distribuidores ou atacadistas, intermediários entre o fabricante e o consumidor final ou, será produzido através da transformação da matéria prima em um produto acabado em uma indústria. O conceito de armazenagem será tratado em um capítulo específico do assunto.

2.1. JUST IN TIME (JIT)

Em 1970, Taiichi Ohno e Eiji Toyoda aplicaram um novo conceito na fábrica de automóveis Toyota no Japão, que ficou conhecido mundialmente pelo termo JIT – *Just In Time*, onde a ênfase é produzir com o máximo de eficiência e qualidade, produzindo apenas o necessário para atender a demanda.

O JIT é uma filosofia de manufatura baseada na eliminação de toda e qualquer perda e na melhoria contínua da produtividade. Seus elementos principais são: ter somente o estoque necessário e quando necessário; melhorar a qualidade tendendo a zero defeitos; reduzir o *lead times* através da redução dos tempos de *setup*, das filas e dos tamanhos de lote; revisar incrementalmente as operações e realizar tudo isto ao menor custo possível. De forma ampla, aplica-se a todas as formas de manufatura, comércios varejistas e atacadistas, seções de trabalho e processos, bem como atividades repetitivas.

4

Existem vários exemplos a serem considerados, como: uma indústria de qualquer ramo de atividade que seja, ter uma previsão de demanda com base em seu histórico de produção passada, associado ao momento econômico onde atua, assim, provisionando a matéria prima necessária para atender a demanda prevista.

Algumas ferramentas darão apoio aos processos, como o Plano Mestre de Produção (PMP), o Planejamento Agregado da Produção (PAP), Lote Econômico de Fabricação (LEF), dentre outras. Essas não serão tratadas nesse livro.

Para que a implantação do JIT tenha o máximo de eficiência, outras ferramentas serão necessárias, algumas delas veremos nas seções a seguir.

2.2. CUSTO DE ESTOCAGEM

O custo de estocagem está ligado diretamente a aquisição do produto (estoque), seja para a revenda ou para a utilização na venda de serviços. Ele é composto por cinco custos individuais, são eles:

Figura 1: Representação do Custo de Estocagem

Fonte: https://empreenderdinheiro.com.br/blog/custo-de-estoque/

▶ **Custo de Oportunidade do Capital Parado (COCP)**

Este custo representa o custo por não se aplicar o valor utilizado para adquirir o produto no mercado financeiro.

Conforme fórmula:

COCP = Estoque médio (Em) x Custo Unitário x Taxa de Juros

- **Custo com Impostos e Seguros (CIS)**

Este custo é o de tributação, que dependerá da atividade fim para se ter a alíquota de tributação, podendo ser ICMS, IPI ou ISS.

Conforme fórmula:

CIS = Em x Custo Unitário x Taxa do Imposto

- **Custo a ser rateado de acordo com o valor do estoque (CS)**

Nesta parte dos custos de estocagem, teremos envolvidos os custos que pertencem a outros produtos além do produto em questão, para isso precisamos ratear os custos, separando somente o pertencente ao do item.

Conforme fórmula:

CS = ((Valor a ser rateado / (Em + QTDE de outros produtos)) x Em)

- **Custo com Risco de Manter Estoques (CD e CPR)**

O custo com os riscos, envolvem dois cálculos, o do risco de manter o produto armazenado em uma Central de Distribuição (CD) e o custo do risco de não conseguir vender o produto, CPR.

Conforme fórmula:

CD = Em x (Valor de Aquisição − Valor Residual) / Vida Útil

CPR = Índice x Em x Custo Unitário

- **Custos com faltas (CF)**

Os custos com a falta do produto é tão ruim quanto o custo de se manter um excesso de estoque. Nesse caso, poderíamos passar por três estágios, antes de a empresa poder até quebrar. O primeiro é quando perdemos a venda do produto, isso por si só já é ruim. O segundo é quando continuamos a deixar faltar aquele produto, perderemos o cliente, já que a sua necessidade faz com que busque novas fontes de fornecimento. O terceiro é quando a empresa começa a perder a sua credibilidade no mercado e as suas perdas começam a ficar insustentáveis. Por último e, pode levar de meses a anos, dependendo do tamanho da empresa, será a quebra da empresa, onde os maiores prejudicados serão os profissionais que, possivelmente, nem seus direitos trabalhistas serão respeitados.

Conforme fórmula:

CF = Índice x (Preço de Venda – Custo Unitário) x Em

Vejamos um caso como exemplo de aplicação:

Uma determinada empresa começou a perceber a necessidade de conhecer seus custos com a estocagem, ou seja, o custo por resolver investir na aquisição de produtos para distribuição e venda. Para isso, alguns dados foram coletados: o seu estoque reflete uma média de 18.500 unidades por dia de um determinado produto X, tendo esse produto um custo unitário de R$ 9,48, sendo fixada uma taxa de juros de 7% ao ano. A taxa de tributação mensal é de 17%. Existe um custo no valor de R$ 36.000,00, que é gasto com mais 78.000 peças de outros produtos. A vida útil do produto é de 8 meses e o seu valor residual representa 11,5% de seu valor de aquisição. O índice do risco por manter o estoque é de 7,5% e o por falta do produto, que é de 6,5%. O preço de venda tem um valor que corresponde a 48% sobre o custo unitário do produto. Dessa forma, a empresa solicita o cálculo do Custo de estocagem mensal.

Na figura abaixo temos uma representação de uma tabela no MS Excel com a aplicação do método e definição do custo total. Em cinza escuro os títulos de cada dado que serão usados nas fórmulas (Est. Médio, Custo Unitário, Tx. de Juros etc.) e as siglas de cada fórmula (COCP, CIS, CS etc.), em cinza mais claro os dados extraídos do caso (18.500; 9,48; 0,58% etc.) e em salmão claro, os resultados da aplicação das fórmulas (R$ 1.023,05; R$ 29.814,60; 6.901,55 etc.).

Figura 2: Aplicação do método do "Custo de Estocagem" no MS Excel

	Est. Médio	Custo Unitário	Tx de Juros	Tributação
	18.500	R$ 9,48	0,58%	17,0%
COCP =	R$ 1.023,05	% Residual	Valor Residual	Índice de Risco
CIS =	R$ 29.814,60	11,5%	R$ 1,09	7,5%
CS =	R$ 6.901,55	Custo Rateado	Qtde. outros Prod.	Vida Útil
CD =	R$ 19.401,41	R$ 36.000,00	78.000	8
CPR =	R$ 13.153,50	Índice de Falta	% V. Venda	Valor de Venda
CF =	R$ 5.471,86	6,5%	48,0%	R$ 14,03
Total =	R$ 75.765,97			

Fonte: Autor

Descrição da aplicação da fórmula:

COCP = 18.500 x 9,48 x 0,58%
COCP = R$ 1.023,05.
CIS = 18.500 x 9,48 x 17%
CIS = R$ 29.814,60.
CS = ((36.000 ÷ (18.500 + 78.000)) x 18.500)
CS = R$ 6.901,55.
CD = 18.500 x (9,48 - 1,09) ÷ 8
CPR = 7,5% x 9,48 x 18.500
CF = 6,5% x (14,03 - 9,48) x 18.500

De posse de cada parte dos custos de estocagem, teremos a possibilidade de verificar como reduzir os custos de forma a aumentar a competitividade no mercado, como, por exemplo, buscando agendar compras para promover ações e vender mais produtos por uma margem de lucro menor, reduzindo assim o preço de venda.

No próximo tópico será tratado o "giro" do produto, dando seguimento à gestão da estocagem.

2.3. CÁLCULO DO GIRO DO PRODUTO E DA COBERTURA DO ESTOQUE

O gestor também pode avaliar o estoque através do giro ou da rotatividade dos itens que o compõe, além de medir se a quantidade trabalhada ao longo de um determinado período é suficiente para cobrir a demanda desse período.

Figura 3: Representação do Giro do Produto

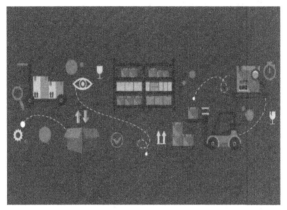

Fonte: https://blog.lexos.com.br/gerenciar-o-estoque/

2.3.1. Cálculo do Giro do Produto

Para obtermos o giro, teremos a relação entre a quantidade movimentada (vendida) de um produto pela quantidade média deste mesmo item que permaneceu no estoque em determinado período.

Com esses parâmetros as empresas podem determinar o giro de seus itens de acordo com a sua classificação ABC, assim podendo tomar medidas cabíveis que visem aumentar a movimentação de um determinado item ou até de uma série de itens que não venham tendo uma rotatividade interessante, ou mesmo transferi-los para outra filial que eles possuam um giro maior. Poderemos calcular o giro a partir da seguinte fórmula:

$G = Qv / Qe$ onde, Qv representa a quantidade vendida num determinado período e Qe representa a quantidade média que permanece em estoque no mesmo período. Vamos entender o processo aplicando o método em um caso prático.

A empresa Tempo Certo determinou os dados anuais de seus estoques: a quantidade de materiais vendidos no ano atual foi igual a 180.000 unidades; a quantidade média do estoque no ano é igual a 13.700 unidades. Determine o giro dos seus estoques, considerando o ano comercial de 360 dias.

Figura 4: Aplicação do método de "Giro" no MS Excel

| Giro do Estoque ||
Qtde. Vendida	Qtde. Média
180.000	13.700
Giro =	13,14

Fonte: Autor

O valor da quantidade vendida é dividido pelo valor da quantidade média, resultando no giro do produto por dia. Conforme representado na fórmula abaixo:

G = 180.000 ÷ 13.700 → G = 13,14 por dia

Refletindo sobre o resultado:

O resultado diz que temos uma média, já que utilizamos o estoque médio como parâmetro, diária de 13,14 unidades de giro do produto, ou seja, essa é a quantidade vendida diariamente por dia durante o ano em questão. De posse desse dado será possível calcular o quanto o estoque da empresa está cobrindo a demanda do mercado, isso poderemos verificar no próximo tópico.

2.3.2. Cálculo da Cobertura do Estoque

A cobertura do estoque nos permite verificar, através do giro calculado e do período, o quanto da demanda está sendo atendida ao longo do período. Para o cálculo iremos utilizar a fórmula abaixo:

Custos e Riscos do Estoque

> Cobertura = Período ÷ Giro

Figura 5: Aplicação do método de "Giro" e de "Cobertura" no MS Excel

Cobertura do Estoque		
Vl. Mat. Cons.	Vl. Est. Méd.	Período
180.000	13.700	360

Giro =	13,14
Índ. Cob. =	27,40

Fonte: Autor

Utilizando o mesmo caso do tópico anterior, com o cálculo do giro do produto tendo como resultado 13,14 unidades por dia e utilizando o valor do período, 360 dias, como parâmetros podemos aplicar a fórmula da cobertura, onde o período, que nesse caso é anual e será representado pelo ano comercial de 360 dias, será dividido pelo valor do giro, resultando na cobertura mensal da demanda, conforme representado na fórmula abaixo:

> Cobertura = 360 ÷ 13,14 → Cobertura = 27,40.

Refletindo sobre o resultado:

Para entendermos a importância do resultado, precisamos entender que uma empresa de varejo pode trabalhar: 22 dias por mês, quando seu funcionamento é de segunda feira a sexta feira ou, 26 dias por mês, quando seu funcionamento é de segunda feira a sábado ou, de 30 dias por mês, quando seu funcionamento é de segunda feira a domingo. Com base nessa informação podemos dizer que o estoque cobre a demanda para o funcionamento de 22 dias, com folga de 5 unidades de estoque de segurança ou, para o funcionamento de 26 dias, com folga de 1 unidade de estoque de segurança. Caso a empresa trabalhe ou deseje trabalhar por 30 dias no próximo ano, precisaria rever seu nível de estoque e/ou os problemas causados pela falta de atendimento da demanda do ano em questão.

2.4. NÍVEL DE SERVIÇO E PONTO DE REPOSIÇÃO

Nesse tópico iremos entender em que momento devemos solicitar a reposição do estoque para que o nível de serviço seja o mais alto possível. Inicialmente veremos como calcular o nível de serviço, depois o cálculo do ponto ideal de reposição.

2.4.1. Nível de Serviços

O nível de serviço também pode ser conhecido como nível de atendimento, é o indicador que representa se a empresa está sendo eficiente/eficaz em algum processo que realize, por exemplo, se o atendimento dos pedidos está sendo realizado de forma satisfatória. Assim, quanto mais pedidos forem atendidos, nas quantidades e especificações solicitadas, maior será o nível de serviço prestado. O cálculo pode ser executado pela fórmula:

$$Nível\ de\ Serviço = \left(\frac{Pedidos\ atendidos\ (entregues\ corretamente)}{Pedidos\ emitido\ no\ período}\right) x100$$

Desta forma, se temos 1.200 pedidos no período e são atendidos apenas 950 dentro do prazo combinado, o nível de serviço será:

$$Nível\ de\ Serviço = \left(\frac{950}{1.200}\right) x100$$

Nível de Serviço= 0,7917x 100=79,17%

A partir desses dados, o que devemos fazer?

Para respondermos a essa pergunta será necessário entender os motivos da não realização das entregas, por exemplo: se foi acordado com o cliente que a entrega do material seria feita em duas etapas, para não o atrasar e, foi aceito por ele, problema zero. Em seguida deve ser atualizada a quantidade emitida para baixo, para que o percentual de nível de serviços seja corrigido. O problema real é quando isso ocorre por falha em algum processo, aí existe a necessidade de correção dos processos.

Podemos dividir o nível de serviço por processo, assim o controle se torna mais efetivo e conseguimos identificar pontualmente cada processo e enxergar o nível de serviço, que chamaremos aqui de "nível de serviço perfeito", demonstrando o quão ruim pode estar a imagem da empresa para o mercado.

Nível de serviço "perfeito"

Será considerado o atendimento do pedido como perfeito, ou seja, com 100% de nível de serviço, quando houver:

a) Entrega completa – Com todos os produtos da solicitação do cliente;

b) Entrega pontual – Respeitando o prazo de entrega acordado com o cliente;

c) Entrega sem erros – Com o preenchimento da fatura com os dados do produto, inclusive preços, conforme passado para os clientes.

Dependendo da necessidade de cada empresa, poderemos ter adequações nos tipos de entregas, considerando esse cenário, temos as fórmulas conforme abaixo:

$$a)\ Entrega\ completa = \left(\frac{Pedidos\ atendidos\ completos\ no\ período}{Total\ de\ pedidos\ emitidos\ no\ período}\right) x100$$

$$b)\ Entrega\ pontual = \left(\frac{Pedidos\ atendidos\ entregues\ no\ prazo}{Total\ de\ pedidos\ emitidos\ no\ período}\right) x100$$

$$c)\ Entrega\ pontual = \left(\frac{Pedidos\ com\ faturas\ corretas}{Total\ de\ pedidos\ emitidos\ no\ período}\right) x100$$

Com essas fórmulas será possível calcular os três indicadores de forma independente, mas também pode-se saber o indicador da realização do pedido perfeito, conforme demonstrado abaixo:

Nível de serviço perfeito = entrega pontual x entrega completa x índice de entrega sem erros.

Vejamos um exemplo:

Em uma empresa temos o seguinte desempenho nas entregas durante um determinado mês:

- 85% das entregas completas;
- 90% das entregas pontuais;
- 95% das entregas sem erros.

Calculando o pedido perfeito teremos:

Nível de Serviço perfeito=85% ×90%×95%
Nível de Serviço perfeito=0,85 ×0,90×0,95
Nível de Serviço perfeito=0,72675 $\cong$ 72,68%

Isso representa um atendimento perfeito de apenas 72,68% dos pedidos, o que poderá ser analisado para então se verificar como melhorar o atendimento perfeito, através da melhoria dos demais percentuais envolvidos.

Estoque Médio (Em)

O estoque médio nada mais é do que a quantidade média de produtos demandados durante um determinado período. Seu cálculo poderá ser tratado algumas das vezes como demanda média.

Estoque médio=(1ª semana+2ª semana +3ª semana +4ª semana)/4

A fórmula apresentada trata do estoque médio mensal, porém pode ser aplicada em outras periodicidades, como diário, semanal ou mesmo anual, de acordo com a necessidade da situação.

2.4.2. Ponto de Reposição

Antes de entrarmos nos cálculos, precisamos entender alguns conceitos que permeiam a fórmula do cálculo e a sua utilização.

Ponto de ressuprimento ou de reposição – R

É o ponto que representa a quantidade de produtos, dita como ideal para que seja solicitada a reposição do produto, ao ser atingida pela ação da demanda. Na fórmula será representada pela letra "R".

Tempo de ressuprimento (Lead Time) – L

O "Lead Time", na fórmula do ponto de reposição irá representar o tempo necessário para que o fornecedor entregue o pedido de reposição solicitado, ou seja, será obtido através do fornecedor ou por média do tempo utilizado pelo fornecedor para entregar pedidos anteriores. Junto a demanda, o "L" é um dos parâmetros mais críticos para se conseguir controlar estoques de forma eficiente, pois, em função destes, será possível calcular outros elementos de controle que, em última análise, irão determinar o nível dos estoques.

Estoque de segurança ou de proteção – ES

É uma quantidade mínima predeterminada de produto, que tem o objetivo precípuo de evitar ou minimizar os efeitos causados pela variação da demanda. Este parâmetro será de grande importância, pois, na prática, a demanda não é constante e, para a determinação do Ponto de Reposição (R) na fórmula tem o papel de agregar uma pequena quantidade no valor encontrado, a partir de um coeficiente de variação e do desvio padrão da demanda. No caso de itens de demanda regular, de pouquíssima variação de demanda e de fornecimento perfeito, não é aconselhável adotar o estoque de segurança, o que não é comum na maioria das vezes.

Ruptura de Estoque (Stock-out)

A ruptura de estoque acontece sempre que o material existente chega a zero, após consumido todo o estoque de segurança. O custo por permitir faltar o produto é tão prejudicial quanto o de se trabalhar com estoque acima da demanda, logo, manter esse equilíbrio é o grande desafio para a gestão do estoque dentro dos processos logísticos. A partir desse ponto de ruptura, a ação continuada da demanda irá provocar falta de material e seu consequente custo.

A fórmula para o cálculo do ponto de reposição é:

$R = \overline{D} \times \overline{L} + Es$, onde,

R – Ponto de Reposição;

$\overline{D}$ – Demanda média;

$\overline{L}$ – Tempo médio de reposição;

Es – Estoque de segurança;

$Es = Z \times \sigma d x \sqrt{\overline{L}}$;

Z – Coeficiente da distribuição normal em função do nível de serviço;

σd – Desvio padrão da demanda;

$\overline{L}$ – Tempo de reposição

Vamos entender melhor os métodos com uma aplicação prática em um caso, que será apresentado no próximo tópico.

2.4.3. Exemplo da aplicação do nível de Serviço e do Ponto de Reposição

O caso apresentado abaixo trará elucidações a respeito da aplicação dos métodos apresentados acima:

Uma determinada empresa tem uma quantidade de 438 pedidos entregues em um determinado mês, sendo que foram emitidos 485 pedidos nesse mesmo mês. A quantidade de seu estoque, que corresponde a demanda é: na 1ª semana de 460, na 2ª semana de 480 e na 4ª semana de 440. Um item desse estoque tem apresentado uma demanda diária de 85, 48, 63 e 87 unidades com desvio padrão de 18,66 unidades/dia. O tempo de reposição é constante e igual a 4 dias.

Sabe-se que o item é da classe correspondente ao nível de serviço calculado, na tabela abaixo. Determine o ponto de reposição com o estoque de segurança. Calcule seu nível de serviço e sua 3ª semana, quando seu estoque médio for 400.

Figura 6: Aplicação do estoque médio e do nível de serviço no MS Excel

	NS	Qtde pedido entregue	Qtde pedidos feitos		
1ª	90,31%	438	485		
	Em	1ª sem	2ª sem	3ª sem	4ª sem
	400	460	480	220	440

Fonte: Autor

A primeira tabela apresenta o cálculo do "Nível de Serviço" (NS), onde é dividida a quantidade de pedidos entregues de um determinado período pela quantidade de pedidos feitos no mesmo período, multiplicando o resultado por 100 para termos um resultado em percentual. Ainda nessa tabela temos o cálculo da 3ª semana, para um estoque médio (Em) igual a 400, utilizando a fórmula do "Estoque médio" (Em), ficando: 400=(460+480 +3ª semana +440)/4 → 400 x 4=(460+480 +3ª semana +440) → 1.600=(1.380 +3ª semana) → 3ª semana= 1.600-1.380 → 3ª semana=220 unidades.

Figura 7: Aplicação do estoque médio e do nível de serviço no MS Excel

R	L - Médio	D - Média	Demanda				Es	Z	Desvio P.	Raiz de L
			1º Dia	2º Dia	3º Dia	4º Dia				
312,02	4	70,75	85	48	63	87	29,02	0,78	18,66	2,00

Fonte: Autor

Na figura acima, temos o cálculo do ponto de reposição com o seu estoque de segurança, antes de se aplicar as fórmulas de "R" e de "Es", foi necessário aplicar a função de desvio padrão a partir de uma amostra do MS Excel "=DESVPAD.A(D11;E11;F11;G11)", onde

"D11", "E11", "F11" e "G11", são células com os valores das demandas variadas de cada dia e aplicar a função do coeficiente de distribuição normal do MS Excel "=DIST.NORM.N(D11;C11;J11;VERDADEI-RO)", onde "D11" é a célula com o primeiro valor da distribuição, "C11" é a célula com o valor da demanda média, "J11" é a célula com o valor do desvio padrão e "VERDADEIRO" é o valor lógico para o cálculo da distribuição cumulativa. Para o ponto de reposição foi aplicada a fórmula: $R = \bar{D} \; x \; \bar{L} + Es$ e para o estoque de segurança foi aplicada a fórmula: $Es = Z \; x \; \sigma d \; x \; \sqrt{L}$. Sendo assim, tivemos a seguinte montagem das fórmulas: R=C11 x B11+H11, onde "C11" é a célula com o valor da demanda média, "B11" é a célula com o valor do "Lead Time Médio ($\bar{L}$)", "H11" é a célula com o valor do "Estoque de segurança (Es)" e $Es = I11 \; x \; J11 \; x \; \sqrt{B11}$, onde "I11" é a célula com o valor do coeficiente de distribuição normal "Z", "J11" é a célula com o valor do desvio padrão e "B11" é célula com o valor do "Lead Time Médio ($\bar{L}$)".

2.5. EXERCÍCIOS DE FIXAÇÃO DO CAPÍTULO 2

Nesse tópico será oferecido um exercício de fixação para cada método aplicado nesse capítulo, onde seus respectivos gabaritos poderão ser encontrados em um capítulo específico.

1 – A empresa LOMR LTDA. é uma pequena indústria de cerveja artesanal, começou suas atividades com uma produção em massa, onde se produzia uma grande quantidade, mesmo sem saber se seria vendida toda a sua produção, logo acabou percebendo a necessidade de reduzir os seus desperdícios, sendo assim, buscou por algum método de produção que pudesse ser mais eficiente, no seu caso, do que a produção em massa. Com base no capítulo, apresente um método que ajude a empresa com seus objetivos, justificando sua indicação.

2 – A empresa LOMR LTDA. percebendo a necessidade de conhecer seus custos com a estocagem de Cerveja Pilsen, ou seja, o custo por

resolver investir na aquisição desse produto para distribuição e venda. Para isso, alguns dados foram coletados, conforme apresentado abaixo:

- Seu estoque reflete uma média de 23.400 unidades por dia de Cerveja Pilsen;
- O custo unitário de R$ 6,67;
- Foi determinada uma taxa de juros de 9,5% ao ano;
- A taxa de tributação mensal é de 17%;
- Existe um custo que é dividido com mais dois tipos de cervejas no valor de R$ 28.000,00, com estoque médio de 49.000 unidades das duas;
- A vida útil do produto é de 15 meses;
- O seu valor residual representa 9,4% de seu valor de aquisição;
- O índice do risco por manter o estoque é de 8,7%;
- O índice por falta do produto, que é de 7,6%;
- O preço de venda tem um valor que corresponde a 37% sobre o custo unitário do produto.

Dessa forma, a empresa solicita o cálculo do Custo de estocagem mensal para manter o produto.

3 – A empresa Tempo Exato precisou saber qual era o giro de seus produtos e se seu estoque estava cobrindo a demanda de um determinado mês, sendo assim, determinou os dados mensais de seus estoques: a quantidade de itens vendidos no mês é igual a 12.340 unidades e a quantidade de itens do estoque médio no mês é igual a 10.960,00. Dessa forma, a empresa solicita o Giro do produto e a sua Cobertura de estoque para um mês de 30 dias.

4 – A empresa Tempo exato, entendendo a necessidade de conhecer sua participação de mercado, resolveu saber o quão perfeito estava o seu nível de serviço. Sendo assim, determinou os dados mensais de seus estoques: o número de pedidos feitos no mês foi de 11.430 e

suas entregas foram divididas em: entregas completas igual a 9.880, entregas dentro do prazo acordado igual a 10.760 e entregas com as notas fiscais sem erros, igual a 11.250. Desta forma, determine o nível de serviços de cada entrega e o nível de serviço perfeito.

5 – A empresa LOMR LTDA. tem uma quantidade de 3.538 pedidos entregues em um determinado mês, sendo que foram emitidos 3.885 pedidos nesse mesmo mês. A quantidade de seu estoque, que corresponde a demanda é: na 1ª semana de 3.460, na 2ª semana de 3.480 e na 4ª semana de 3.440. Um item desse estoque tem apresentado uma demanda diária de 3.485, 3.348, 3.363 e 3.404. O tempo de reposição é constante e igual a 4 dias. Determine o ponto de reposição com o estoque de segurança. Calcule seu nível de serviço e sua 3ª semana, quando seu estoque médio for 3.400.

3
USO DA CURVA ABC

Embora a curva ABC também guarde uma relação com a estocagem, nesse livro ela terá um capítulo dedicado à sua aplicação, diante da sua importância entendida por esse autor.

Método ABC

Esse método também é conhecido como Classificação ABC, ou ainda, Curva ABC, é bastante empregado na gestão de estoques atualmente, pois é um instrumento de planejamento que permite ao gestor orientar seus esforços em direção aos resultados mais significativos para a organização. Sua classificação é:

Na curva A, estarão os itens de alta prioridade. Normalmente, irão corresponder a 80% do valor do estoque, aproximadamente, e estarão distribuídos em 20% dos itens.

Na curva B, estarão os itens intermediários. Normalmente, irão corresponder a 15% do valor do estoque, aproximadamente, e disseminados em 30% dos itens.

Na curva C, estarão os itens de baixa prioridade. Normalmente, irão condizer a 5% do valor do estoque, aproximadamente, e partilhado em 50% dos itens.

O conceito do método é aplicável a muitas situações em que seja possível estabelecer prioridades, por exemplo: uma tarefa a cumprir é mais importante que a outra, em termos de prioridade, uma obrigação é mais significativa que a outra, em termos de relevância, de modo que o somatório de algumas partes dessas tarefas ou obrigações de importância elevada irão representar, provavelmente, uma grande parcela das obrigações totais.

Pode-se realizar uma Classificação ABC ou traçar uma Curva ABC para muitas situações, como: por giro, por peso, por volume, por tempo de reposição, por valor etc.

Inventário

O inventário nada mais é do que a contagem do estoque físico que está armazenado. A função principal de um inventário será permitir que se estabeleça a relação entre o número de itens ou valores no sistema e a quantidade ou valor total de itens apurados na contagem, ou seja, estoque real fisicamente armazenado.

Essa informação será fundamental para que apuremos a acurácia das contagens, sendo assim, devemos utilizar as seguintes fórmulas para a apuração:

No caso da acurácia em termos de itens, será a relação do número de itens encontrados no inventário, que são os corretos, dividido pelo número de itens encontrados no sistema, ou seja, que deveria existir, como segue abaixo:

%itens sistema = Valor de itens sistema/ Valor total de itens sistema.

Acurácia = (NumItensCorretos / NumItensSistema) * 100, nesse caso possuímos os dados do inventário, então o resultado da relação será o da acurácia.

%itens sistema = Valor de itens da contagem/ Valor total de itens da contagem.

Acurácia = (1 - NumItensDivergentes / NumItensSistema) *100, nesse caso possuímos os dados divergentes, então o resultado da relação precisa ser subtraído de 1, que representa 100% do correto, sendo o resultado da subtração o da acurácia.

Exemplo da aplicação da curva ABC em termos práticos

Inicialmente, teremos uma tabela com quatro colunas preenchidas: o "Código do item", o "Consumo (unidades/ano)", o "Custo (R$/unidade) e a "Quantidade inventário", que está representada pela figura 8, apresentada abaixo:

Figura 8: Tabela inicial da curva ABC no MS Excel

Código do item	Consumo (unidades / ano)	Custo (R$ / unidade)	Custo Total (R$ / Total de unidade)	Total Acumulado por Produto	Percentual por Produto	Percentual Acumulado por Produto	Ordenação da curva ABC	Quantidade inventário
1010	450	R$ 2,35						437
1020	23.590	R$ 0,45						22.882
1030	12.025	R$ 2,05						11.664
1045	670	R$ 3,60						650
1060	25	R$ 150,00						24
2015	6.540	R$ 0,80						6.278
2035	2.460	R$ 12,00						2.362
2050	3.480	R$ 2,60						3.341
3010	1.250	R$ 0,08						1.200
3025	4.020	R$ 0,50						3.875
3055	1.890	R$ 2,75						1.822
5050	680	R$ 3,90						656
5070	345	R$ 6,80						333
6070	9.870	R$ 0,75						9.426
7080	5.680	R$ 0,35						5.424

Fonte: Autor

Com esses dados poderemos calcular duas soluções da curva ABC, definindo itens que precisam ter prioridade nas tomadas de decisão. Poderemos ter a curva ABC pelo custo total e a curva ABC pelo consumo, ambas com suas peculiaridades. No próximo tópico veremos a curva ABC pelo custo total.

3.1. CURVA ABC PELO CUSTO TOTAL NO MS EXCEL

Para a curva ABC do custo total, precisamos inicialmente calcular o total dos custos de cada item, ou seja, de cada linha e, ordená-la de forma decrescente, do maior para o menor, que tem seu resultado representado na figura 9 abaixo:

Figura 9: Tabela da Curva ABC com custo total e ordenada no MS Excel

Código do item	Consumo (unidades / ano)	Custo ($ / unidade)	Custo Total ($ / Total de unidade)	Total Acumulado por Produto	Percentual por Produto	Percentual Acumulado por Produto	Ordenação da curva ABC	Quantidade inventário
2035	2.460	R$ 12,00	R$ 29.520,00					2.362
1030	12.025	R$ 2,05	R$ 24.651,25					11.664
1020	23.590	R$ 0,45	R$ 10.615,50					22.882
2050	3.480	R$ 2,60	R$ 9.048,00					3.341
6070	9.870	R$ 0,75	R$ 7.402,50					9.426
2015	6.540	R$ 0,80	R$ 5.232,00					6.278
3055	1.890	R$ 2,75	R$ 5.197,50					1.822
1060	25	R$ 150,00	R$ 3.750,00					24
5050	680	R$ 3,90	R$ 2.652,00					656
1045	670	R$ 3,60	R$ 2.412,00					650
5070	345	R$ 6,80	R$ 2.346,00					333
3025	4.020	R$ 0,50	R$ 2.010,00					3.875
7080	5.680	R$ 0,35	R$ 1.988,00					5.424
1010	450	R$ 2,35	R$ 1.057,50					437
3010	1.250	R$ 0,08	R$ 100,00					1.200

Fonte: Autor

Agora poderemos concluir o cálculo da curva ABC, calculando as outras quatro colunas restantes, onde a coluna do "Total Acumulado por Produto" deve ter o valor do primeiro item repetido e, a partir do segundo, somaremos o acumulado do item anterior com o total do item da linha que estamos calculando, nesse caso: 29.520,00 + 24.651,25 = 54.171,25 e assim sucessivamente.

Conforme demonstrado na figura 10 abaixo:

Figura 10: Tabela da Curva ABC com custo total e ordenada no MS Excel

Código do item	Consumo (unidades / ano)	Custo ($ / unidade)	Custo Total ($ / Total de unidade)	Total Acumulado por Produto	Percentual por Produto	Percentual Acumulado por Produto	Ordenação da curva ABC	Quantidade inventário
2035	2.460	R$ 12,00	R$ 29.520,00	R$ 29.520,00				2.362
1030	12.025	R$ 2,05	R$ 24.651,25	R$ 54.171,25				11.664
1020	23.590	R$ 0,45	R$ 10.615,50	R$ 64.786,75				22.882
2050	3.480	R$ 2,60	R$ 9.048,00	R$ 73.834,75				3.341
6070	9.870	R$ 0,75	R$ 7.402,50	R$ 81.237,25				9.426
2015	6.540	R$ 0,80	R$ 5.232,00	R$ 86.469,25				6.278
3055	1.890	R$ 2,75	R$ 5.197,50	R$ 91.666,75				1.822
1060	25	R$ 150,00	R$ 3.750,00	R$ 95.416,75				24
5050	680	R$ 3,90	R$ 2.652,00	R$ 98.068,75				656
1045	670	R$ 3,60	R$ 2.412,00	R$ 100.480,75				650
5070	345	R$ 6,80	R$ 2.346,00	R$ 102.826,75				333
3025	4.020	R$ 0,50	R$ 2.010,00	R$ 104.836,75				3.875
7080	5.680	R$ 0,35	R$ 1.988,00	R$ 106.824,75				5.424
1010	450	R$ 2,35	R$ 1.057,50	R$ 107.882,25				437
3010	1.250	R$ 0,08	R$ 100,00	R$ 107.982,25				1.200

Fonte: Autor

Para calcularmos a coluna do "Percentual por Produto", primeiro precisamos ter totalizada a coluna do custo total, depois dividiremos cada custo total de cada produto pelo total dos custos totais e, assim, sucessivamente, poderemos multiplicar o resultado por 100 ou formatar as células como porcentagem pelo MS Excel, para finalizar o cálculo precisamos calcular a coluna do "Percentual Acumulado por Produto" e teremos a tabela representada pela figura 11 apresentada abaixo:

Figura 11: Tabela da Curva ABC com percentual e percentual acumulado por produto no MS Excel

Código do item	Consumo (unidades / ano)	Custo ($ / unidade)	Custo Total ($ / Total de unidade)	Total Acumulado por Produto	Percentual por Produto	Percentual Acumulado por Produto	Ordenação da curva ABC	Quantidade inventário
2035	2.460	R$ 12,00	R$ 29.520,00	R$ 29.520,00	27,34%	27,34%		2.362
1030	12.025	R$ 2,05	R$ 24.651,25	R$ 54.171,25	22,83%	50,17%		11.664
1020	23.590	R$ 0,45	R$ 10.615,50	R$ 64.786,75	9,83%	60,00%		22.882
2050	3.480	R$ 2,60	R$ 9.048,00	R$ 73.834,75	8,38%	68,38%		3.341
6070	9.870	R$ 0,75	R$ 7.402,50	R$ 81.237,25	6,86%	75,23%		9.426
2015	6.540	R$ 0,80	R$ 5.232,00	R$ 86.469,25	4,85%	80,08%		6.278
3055	1.890	R$ 2,75	R$ 5.197,50	R$ 91.666,75	4,81%	84,89%		1.822
1060	25	R$ 150,00	R$ 3.750,00	R$ 95.416,75	3,47%	88,36%		24
5050	680	R$ 3,90	R$ 2.652,00	R$ 98.068,75	2,46%	90,82%		656
1045	670	R$ 3,60	R$ 2.412,00	R$ 100.480,75	2,23%	93,05%		650
5070	345	R$ 6,80	R$ 2.346,00	R$ 102.826,75	2,17%	95,23%		333
3025	4.020	R$ 0,50	R$ 2.010,00	R$ 104.836,75	1,86%	97,09%		3.875
7080	5.680	R$ 0,35	R$ 1.988,00	R$ 106.824,75	1,84%	98,93%		5.424
1010	450	R$ 2,35	R$ 1.057,50	R$ 107.882,25	0,98%	99,91%		437
3010	1.250	R$ 0,08	R$ 100,00	R$ 107.982,25	0,09%	100,00%		1.200
			R$ 107.982,25		100,00%			

Fonte: Autor

Finalizando o método ABC, serão elencados os produtos que fazem parte de cada curva. Vale ressaltar que a decisão deve ser tomada por cada empresa, desde que não deixe muito longe dos 80%. Aqui vamos separar os produtos que fazem parte da curva "A", os que estejam no somatório dos percentuais, mais próximos de 80%, os produtos que fazem parte da curva "B", os que estejam no somatório dos percentuais, mais próximos de 95% e os produtos restantes farão parte da curva "C", conforme tabela representada pela figura 12.

Figura 12: Tabela da Curva ABC com os produtos separados pela curva no MS Excel

Código do item	Consumo (unidades / ano)	Custo ($ / unidade)	Custo Total ($ / Total de unidade)	Total Acumulado por Produto	Percentual por Produto	Percentual Acumulado por Produto	Ordenação da curva ABC	Quantidade inventário
2035	2.460	R$ 12,00	R$ 29.520,00	R$ 29.520,00	27,34%	27,34%		2.362
1030	12.025	R$ 2,05	R$ 24.651,25	R$ 54.171,25	22,83%	50,17%	A = 80,08%	11.664
1020	23.590	R$ 0,45	R$ 10.615,50	R$ 64.786,75	9,83%	60,00%		22.882
2050	3.480	R$ 2,60	R$ 9.048,00	R$ 73.834,75	8,38%	68,38%		3.341
6070	9.870	R$ 0,75	R$ 7.402,50	R$ 81.237,25	6,86%	75,23%		9.426
2015	6.540	R$ 0,80	R$ 5.232,00	R$ 86.469,25	4,85%	80,08%		6.278
3055	1.890	R$ 2,75	R$ 5.197,50	R$ 91.666,75	4,81%	84,89%		1.822
1060	25	R$ 150,00	R$ 3.750,00	R$ 95.416,75	3,47%	88,36%		24
5050	680	R$ 3,90	R$ 2.652,00	R$ 98.068,75	2,46%	90,82%	B = 15,15 %	656
1045	670	R$ 3,60	R$ 2.412,00	R$ 100.480,75	2,23%	93,05%		650
5070	345	R$ 6,80	R$ 2.346,00	R$ 102.826,75	2,17%	95,23%		333
3025	4.020	R$ 0,50	R$ 2.010,00	R$ 104.836,75	1,86%	97,09%		3.875
7080	5.680	R$ 0,35	R$ 1.988,00	R$ 106.824,75	1,84%	98,93%	C = 4,77%	5.424
1010	450	R$ 2,35	R$ 1.057,50	R$ 107.882,25	0,98%	99,91%		437
3010	1.250	R$ 0,08	R$ 100,00	R$ 107.982,25	0,09%	100,00%		1.200
			R$ 107.982,25		100,00%			

Fonte: Autor

A curva ABC é calculada pelos dados sistêmicos, ou seja, pelos dados encontrados no sistema e não pela contagem no inventário, já que devem ser descoberto os motivos reais da diferença, que podem ser: por furto, por avarias sem registro, por defeitos de fabricação sem registro etc. Com os dados do inventário poderemos verificar o nível de acurácia dos produtos pela classificação ABC. Vejamos a aplicação da acurácia no mesmo exemplo.

Figura 13: Tabela da Curva ABC e da acurácia pela curva no MS Excel

Código do item	Consumo (unidades/ano)	Custo ($/unidade)	Custo Total ($/Total de unidade)	Total Acumulado por Produto	Percentual por Produto	Percentual Acumulado por Produto	Ordenação da curva ABC	Quantidade inventário
2035	2.460	R$ 12,00	R$ 29.520,00	R$ 29.520,00	27,34%	27,34%	A = 80,08%	2.362
1030	12.025	R$ 2,06	R$ 24.651,25	R$ 54.171,25	22,83%	50,17%		11.684
1020	23.590	R$ 0,45	R$ 10.615,50	R$ 64.786,75	9,83%	60,00%		22.882
2050	3.480	R$ 2,60	R$ 9.048,00	R$ 73.834,75	8,38%	68,38%		3.341
6070	9.870	R$ 0,75	R$ 7.402,50	R$ 81.237,25	6,86%	75,23%		9.426
2015	6.540	R$ 0,80	R$ 5.232,00	R$ 86.469,25	4,85%	80,08%		6.278
3055	1.890	R$ 2,75	R$ 5.197,50	R$ 91.666,75	4,81%	84,89%	B = 15,15%	1.822
1060	25	R$ 150,00	R$ 3.750,00	R$ 95.416,75	3,47%	88,36%		24
5050	680	R$ 3,90	R$ 2.652,00	R$ 98.068,75	2,46%	90,82%		656
1045	670	R$ 3,60	R$ 2.412,00	R$ 100.480,75	2,23%	93,05%		650
5070	345	R$ 6,80	R$ 2.346,00	R$ 102.826,75	2,17%	95,23%		333
3025	4.020	R$ 0,50	R$ 2.010,00	R$ 104.836,75	1,86%	97,09%	C = 4,77%	3.875
7080	5.660	R$ 0,35	R$ 1.988,00	R$ 106.824,75	1,84%	98,93%		5.424
1010	450	R$ 2,35	R$ 1.057,50	R$ 107.882,25	0,98%	99,91%		437
3010	1.250	R$ 0,08	R$ 100,00	R$ 107.982,25	0,09%	100,00%		1.200
			R$ 107.982,25		100,00%			

Classe	Dados do Sistema	%Itens no Sistema	Itens Contados	%Itens Contados (inventário)	Itens com Divergências	Acurácia
A	R$ 86.469,25	80,08%	R$ 83.326,14	80,08%	R$ 3.143,12	
B	R$ 16.357,50	15,15%	R$ 15.768,10	15,15%	R$ 589,40	
C	R$ 5.155,50	4,77%	R$ 4.957,96	4,76%	R$ 197,55	
Totais	R$ 107.982,25	100%	R$ 104.052,19	100%	R$ 3.930,06	

Fonte: Autor

Para o cálculo da acurácia com os dados disponíveis, basta dividir os itens contados pelos itens do sistema e teremos como acurácia: para a curva "A" = 0,9637, que equivale a 96,37%, ou seja, 3,63% menor do que o total possível, para a curva "B" = 0,9640, que equivale a 96,40%, ou seja, 3,60% menor do que o total possível e para a curva "C" = 0,9617, que equivale a 96,17%, ou seja, 3,83% menor do que o total possível. Conforme tabela representada pela figura 14 abaixo:

Figura 14: Tabela da acurácia pela curva no MS Excel

Classe	Dados do Sistema	%Itens no Sistema	Itens Contados	%Itens Contados (inventário)	Itens com Divergências	Acurácia	% de Diferença da Acurácia
A	R$ 86.469,25	80,08%	R$ 83.326,14	80,08%	R$ 3.143,12	0,9637	0,0363
B	R$ 16.357,50	15,15%	R$ 15.768,10	15,15%	R$ 589,40	0,9640	0,0360
C	R$ 5.155,50	4,77%	R$ 4.957,96	4,76%	R$ 197,55	0,9617	0,0383
Totais	R$ 107.982,25	100%	R$ 104.052,19	100%	R$ 3.930,06		

Fonte: Autor

Quando analisamos os resultados vem a pergunta: essa diferença está aceitável? Alguns autores elencam valores aceitáveis, eu, particularmente, acredito que os 100% devem ser buscados e quando temos problemas não onerem a empresa, por exemplo: um defeito de fabricação não registrado poderá ser recuperado junto a fábrica, logo, não irá onerar a empresa. Já furto ou avaria não são recuperáveis, se estivermos falando da curva "A" com 3,63% por mês sobre R$ 2.000.000,00, teríamos uma perda de R$ 72.600,00 por mês, equivalendo a R$ 871.200,00. Esse tipo de prejuízo pode gerar a quebra de uma empresa com o passar do tempo, caso não seja solucionado.

3.2. CURVA ABC PELO CONSUMO

Para a curva ABC do consumo, teremos uma tabela inicial, com as colunas: "Código do Item", "Consumo (unidades / ano)", "Custo (R$ / unidade)", "Custo Total (R$ / Total de unidades)", "Total Acumulado por Produto", "Percentual Por Produto", "Percentual acumulado por Produto", "Ordenação ABC" e "Quantidade de Inventário". Conforme representado pela figura 15 abaixo:

Figura 15: Tabela da Curva ABC inicial no MS Excel

Código do item	Consumo (unidades / ano)	Custo ($ / unidade)	Custo Total ($ / Total de unidade)	Total Acumulado por Produto	Percentual por Produto	Percentual Acumulado por Produto	Ordenação da curva ABC	Quantidade inventário
1010	450	R$ 2,35						437
1020	23.590	R$ 0,45						22.882
1030	12.025	R$ 2,05						11.664
1045	670	R$ 3,60						650
1060	25	R$ 150,00						24
2015	6.540	R$ 0,80						6.278
2035	2.460	R$ 12,00						2.362
2050	3.480	R$ 2,60						3.341
3010	1.250	R$ 0,08						1.200
3025	4.020	R$ 0,50						3.875
3055	1.890	R$ 2,75						1.822
5050	680	R$ 3,90						656
5070	345	R$ 6,80						333
6070	9.870	R$ 0,75						9.426
7080	5.680	R$ 0,35						5.424

Fonte: Autor

Para a curva ABC de consumo teremos que ordenar do maior para o menor, sendo que será pela coluna do consumo e não pelo custo total, conforme figura 16 abaixo:

Ferramentas Qualitativas e Quantitativas Aplicadas à Tomada de Decisão em Logística

Figura 16: Tabela da Curva ABC com consumo e ordenada no MS Excel

Código do item	Consumo (unidades / ano)	Custo (R$ / unidade)	Custo Total (R$ / Total de unidade)	Total Acumulado por Produto	Percentual por Produto	Percentual Acumulado por Produto	Ordenação da curva ABC	Quantidade inventário
1020	23.590	R$ 0,45						22.882
1030	12.025	R$ 2,05						11.664
6070	9.870	R$ 0,75						9.426
2015	6.540	R$ 0,80						6.278
7080	5.680	R$ 0,35						5.424
3025	4.020	R$ 0,50						3.875
2050	3.480	R$ 2,60						3.341
2035	2.460	R$ 12,00						2.362
3055	1.890	R$ 2,75						1.822
3010	1.250	R$ 0,08						1.200
5050	680	R$ 3,90						656
1045	670	R$ 3,60						650
1010	450	R$ 2,35						437
5070	345	R$ 6,80						333
1060	25	R$ 150,00						24

Fonte: Autor

Para calcularmos a coluna do "Percentual por Produto", primeiro precisamos ter totalizada a coluna do consumo, depois dividiremos cada consumo de cada produto pelo total dos consumos e, assim, sucessivamente, poderemos multiplicar o resultado por 100 ou formatar as células como porcentagem pelo MS Excel. Para finalizar a tabela precisamos calcular a coluna do "Percentual Acumulado por Produto", conforme a tabela representada pela figura 17 apresentada abaixo:

Figura 17: Tabela da Curva ABC com percentual e percentual acumulado por produto no MS Excel

Código do item	Consumo (unidades / ano)	Custo ($ / unidade)	Custo Total ($ / Total de unidade)	Total Acumulado por Produto	Percentual por Produto	Percentual Acumulado por Produto	Ordenação da curva ABC	Quantidade inventário
1020	23.590	R$ 0,45			32,33%	32,33%		22.882
1030	12.025	R$ 2,05			16,48%	48,80%		11.664
6070	9.870	R$ 0,75			13,53%	62,33%		9.426
2015	6.540	R$ 0,80			8,96%	71,29%		6.278
7080	5.680	R$ 0,35			7,78%	79,08%		5.424
3025	4.020	R$ 0,50			5,51%	84,58%		3.875
2050	3.480	R$ 2,60			4,77%	89,35%		3.341
2035	2.460	R$ 12,00			3,37%	92,72%		2.362
3055	1.890	R$ 2,75			2,59%	95,31%		1.822
3010	1.250	R$ 0,08			1,71%	97,03%		1.200
5050	680	R$ 3,90			0,93%	97,96%		656
1045	670	R$ 3,60			0,92%	98,88%		650
1010	450	R$ 2,35			0,62%	99,49%		437
5070	345	R$ 6,80			0,47%	99,97%		333
1060	25	R$ 150,00			0,03%	100,00%		24
	72975				100%			

Fonte: Autor

Finalizando o método ABC, serão elencados os produtos que fazem parte de cada curva. Vale ressaltar que a decisão deve ser tomada por cada empresa, desde que não deixe muito longe dos 80%. Aqui vamos separar os produtos que fazem parte da curva "A", os que estejam no somatório dos percentuais, mais próximos de 80%, os produtos que fazem parte da curva "B", os que estejam no somatório dos percentuais, mais próximos de 95% e os produtos restantes farão parte da curva "C", conforme tabela representada pela figura 18.

Figura 18: Tabela da Curva ABC com os produtos separados pela curva no MS Excel

Código do item	Consumo (unidades / ano)	Custo ($ / unidade)	Custo Total ($ / Total de unidade)	Total Acumulado por Produto	Percentual por Produto	Percentual Acumulado por Produto	Ordenação da curva ABC	Quantidade inventário
1020	23.590	R$ 0,45			32,33%	32,33%	A = 79,08%	22.882
1030	12.025	R$ 2,05			16,48%	48,80%		11.664
6070	9.870	R$ 0,75			13,53%	62,33%		9.426
2015	6.540	R$ 0,80			8,96%	71,29%		6.278
7080	5.680	R$ 0,35			7,78%	79,08%		5.424
3025	4.020	R$ 0,50			5,51%	84,58%	B = 16,25%	3.875
2050	3.480	R$ 2,60			4,77%	89,35%		3.341
2035	2.460	R$ 12,00			3,37%	92,72%		2.362
3055	1.890	R$ 2,75			2,59%	95,31%		1.822
3010	1.250	R$ 0,08			1,71%	97,03%	C = 4,67	1.200
5050	680	R$ 3,90			0,93%	97,96%		656
1045	670	R$ 3,80			0,92%	98,88%		650
1010	450	R$ 2,35			0,62%	99,49%		437
5070	345	R$ 6,80			0,47%	99,97%		333
1060	25	R$ 150,00			0,03%	100,00%		24
	72975				100%			

Fonte: Autor

Da mesma forma que na curva ABC do custo total, a curva ABC do consumo é calculada pelos dados sistêmicos, ou seja, pelos dados encontrados no sistema e não pela contagem no inventário, já que devem ser descoberto os motivos reais da diferença, que podem ser também: por furto, por avarias sem registro, por defeitos de fabricação sem registro etc. Com os dados do inventário poderemos verificar o nível de acurácia dos produtos pela classificação ABC. Vejamos a aplicação da acurácia no mesmo exemplo na figura 19.

Figura 19: Tabela da Curva ABC e da acurácia pela curva no MS Excel

Código do Item	Consumo (unidades/ano)	Custo ($ / unidade)	Custo Total ($ / Total de unidades)	Total Acumulado por Produto	Percentual por Produto	Percentual Acumulado por Produto	Ordenação da curva ABC	Quantidade Inventário
1020	23.590	R$ 0,45			32,33%	32,33%		22.882
1030	12.025	R$ 2,05			16,46%	48,80%		11.664
6070	9.870	R$ 0,75			13,53%	62,33%	A = 79,08%	9.426
2015	6.540	R$ 0,80			8,98%	71,29%		6.278
7080	5.660	R$ 0,35			7,76%	79,06%		5.424
3025	4.020	R$ 0,56			5,51%	84,58%		3.875
2050	3.480	R$ 2,60			4,77%	89,35%	B = 16,24%	3.341
2035	2.460	R$ 12,00			3,37%	92,72%		2.362
3055	1.890	R$ 2,75			2,59%	95,31%		1.822
3010	1.250	R$ 0,68			1,71%	97,03%		1.200
6090	680	R$ 3,80			0,93%	97,96%		658
1045	670	R$ 3,80			0,92%	98,88%	C = 4,69	650
1010	450	R$ 2,25			0,62%	99,49%		437
5070	345	R$ 8,80			0,47%	99,97%		333
1090	25	R$ 160,00			0,03%	100,00%		24
	72.975				100%			

Classe	Dados do Sistema	%Itens no Sistema	Itens Contados	%Itens Contados (Inventário)	Itens com Divergências	Acurácia	% de Diferença da Acurácia
A	57.705	79,08%	55.675	79,11%	2.030	0,9648	0,0352
B	11.850	16,24%	11.400	16,20%	450	0,9620	0,0380
C	3.420	4,69%	3.299	4,69%	122	0,9645	0,0355
Totais	72.975	100,00%	70.373	100,00%	2.602		

Fonte: Autor

Para o cálculo da acurácia com os dados disponíveis, basta dividir os itens contados pelos itens do sistema e teremos como acurácia: para a curva "A" = 0,9648, que equivale a 96,48%, ou seja, 3,52% menor do que o total possível, para a curva "B" = 0,9620, que equivale a 96,20%, ou seja, 3,80% menor do que o total possível e para a curva "C" = 0,9645, que equivale a 96,45%, ou seja, 3,55% menor do que o total possível. Conforme a tabela representada pela figura 20 abaixo:

Figura 20: Tabela da acurácia pela curva ABC no MS Excel

Classe	Dados do Sistema	%Itens no Sistema	Itens Contados	%Itens Contados (inventário)	Itens com Divergências	Acurácia	% de Diferença da Acurácia
A	57.705	79,08%	55.675	79,11%	2.030	0,9648	0,0352
B	11.850	16,24%	11.400	16,20%	450	0,9620	0,0380
C	3.420	4,69%	3.299	4,69%	122	0,9645	0,0355
Totais	72.975	100,00%	70.373	100,00%	2.602		

Fonte: Autor

Quanto a análise dos resultados, deveremos seguir o mesmo padrão da curva ABC pelo custo total.

Quando comparamos os resultados, podemos verificar a importância de cada uma das aplicações para as suas especificidades, no próximo tópico será tratada dessa diferença com mais detalhes.

3.3. CURVA ABC: COMPARAÇÃO DO CUSTO TOTAL COM O CONSUMO

Quando comparamos os resultados das aplicações por custo total e por consumo, pode ser verificado que existem itens que estão na curva "A", em uma aplicação e estão na curva "C", na outra e vice-versa. Conforme tabela representada pela figura 21 abaixo:

Figura 21: Tabela de comparação das aplicações pela curva ABC no MS Excel

Fonte: Autor

Ao que isso nos remete? A simplesmente que ambas as aplicações deverão ser feitas para os mesmos itens e que seus resultados devem ser tratados atendendo as suas respectivas necessidades, por exemplo: os itens da curva a na tabela dos custos totais devem ter uma atenção com relação aos furtos, avarias, perdas etc. Nesse caso especificamente, qualquer evento desses vai ocorrer em aproximadamente 80%, que, se temos um prejuízo de 5% nos de itens da curva "A", digamos, hipoteticamente, que todo o meu estoque corresponda a R$ 3.500.000,00 por mês, 80% correspondem a R$ 2.800.000,00 e 5% corresponderão a R$ 140.000,00. Com a reincidência o prejuízo se tornará uma "bola de neve" sem limites. Já para a curva ABC do consumo, trataremos a prioridade de armazenagem, ou seja, de acondicionamento dos produtos dentro de uma Central de Distribuição (CD), onde os produtos da curva "A" possuem maior rotatividade e volume, precisando estar o mais próximo possível das docas de saída, assim evitando engarrafamento mais para o fundo da CD, agilizando o escoamento e evitando por consequência as avarias.

3.4. EXERCÍCIOS DE FIXAÇÃO DO CAPÍTULO 3

Agora poderemos pôr em prática o conteúdo trabalhado nesse capítulo, aplicando do método e construindo o conhecimento sobre o assunto.
Vamos aos exercícios?

1 – Desenvolver a tabela da curva ABC dos custos totais, do consumo e as acurácias de cada com os dados apresentados na figura 22 abaixo:

Figura 22: Tabela com os dados para o desenvolvimento da curva ABC

Código do item	Consumo (unidades / ano)	Custo ($/unidade)	Custo Total ($ / item)	Total Acumulado por Produto	Percentual por Produto	Percentual Acumulado por Produto	Ordenação da curva ABC	Quantidade inventário
7080	5.450	R$ 14,98						5.341
3010	2.550	R$ 10,85						2.397
1030	6.560	R$ 7,65						5.904
1060	65	R$ 435,00						63
1045	1.700	R$ 3,55						1.666
1020	18.000	R$ 2,54						16.920
3055	2.350	R$ 0,87						2.115
3025	7.560	R$ 2,88						7.333
3155	1.135	R$ 14,98						1.112
3125	3.350	R$ 12,85						3.149
1145	4.560	R$ 18,65						4.104
1120	900	R$ 135,00						873
1130	14.000	R$ 6,55						13.720
1160	35.870	R$ 1,54						33.718
7180	5.350	R$ 3,87						4.815
3110	25.560	R$ 1,88						24.793

Fonte: Autor

Figura 23: Tabela exemplo para o desenvolvimento da acurácia

Classe	Dados do Sistema	%Itens no Sistema	Itens Contados	%Itens Contados (inventário)	Itens com Divergências	Acurácia	% de Diferença da Acurácia
A							
B							
C							
Totais							

Fonte: Autor

4
GESTÃO DA ARMAZENAGEM

Nesse capítulo teremos uma passagem pelas possibilidades de se levar o produto mais próximo do mercado consumidor, através de utilização de métodos qualitativos, como a localização de instalações, que aqui trataremos como extensão de empresas. Além de entendermos um pouco sobre os custos de movimentação de carga paletizada nas centrais de distribuição e com contêineres, mais utilizados para transporte hidroviário, mas também já sendo uma opção para substituir os "baús" dos caminhões.

4.1. EXTENSÃO DE EMPRESAS

A extensão de empresas nada mais é do que estar com um ponto de distribuição mais próximo de algum mercado consumidor de regiões distantes da matriz da empresa. Por exemplo, uma empresa que possui uma Central de Distribuição (CD) matriz na região Sudeste e está atendendo ao mercado no Nordeste, a 3.000 km de distância, ela poderá optar em montar uma pequena Central de Distribuição ou um *Transit Point*, em um ponto estratégico, facilitando assim o atendimento deste mercado.

4.1.1. Centrais de Distribuição (CD's)

Uma CD é um armazém que deve ser utilizado, quando a gestão dos estoques dos produtos a serem distribuídos envolve movimentação, armazenagem, administração, processamento de pedidos e emissão de notas fiscais e, em alguns casos, embalagem e etiquetagem. É um ambiente fechado, normalmente em alvenaria.

Figura 24: Foto das instalações da CD da NILFISK

Fonte: https://nilfisk.com.br/segmentos/logistica-e-centro-de-distribuicao/

4.1.2. Transit Point

O *Transit point* possui funcionalidade bastante similar aos centros de distribuição avançados, porém, sua estrutura não permite a armazenagem de estoques. O *Transit point* é localizado de forma a atender determinada área do mercado distante dos armazéns centrais e sua operação é de uma instalação de passagem, recebendo carregamentos consolidados e separando-os para entregas locais e a clientes individuais, na maioria das vezes, servirá para distribuição para filiais.

Figura 25: Foto do processo do Transit Point da FTI Logística

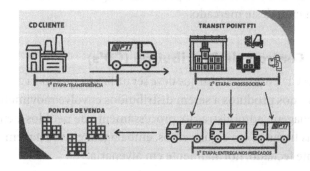

https://ftilogistica.com.br/servicos/crossdocking/

4.2. CROSSDOCKING

Esse processo permite que sejam planejadas distribuições antes do recebimento, de modo a evitar a armazenagem, sendo direcionados os produtos paletizados, sem a necessidade de armazená-los.

Com a utilização do *crossdocking*, produtos de fácil furto, são enviados diretamente para que as filiais possam realizar a conferência. Por exemplo, relógios de pulso que são entregues em caixas separadas: o relógio, a caixa (embalagem), a garantia etc. Serão montados nas filiais, centralizado o acesso a um responsável.

Um *layout* que será mais adequado para a utilização desse tipo de processo com bastante eficiência é o *layout* em "U", conforme será demonstrado no próximo tópico.

4.3. LAYOUT DE ARMAZÉNS

A escolha do *layout* mais adequado será um ponto fundamental para que a gestão da armazenagem e a distribuição seja realizada o mais eficiente possível. Apresentaremos três tipos de *layouts*, os que são mais utilizados: o *layout* em "Linha", o *layout* em "L" e o *layout* em "U". Veremos cada um deles com suas características.

Layout em "Linha"

Nesse *layout* as docas de entrada (recebimento) e de saída (distribuição), serão posicionadas em frente uma das outras, os corredores da Central de Distribuição (CD) são alinhados de forma que olhando de uma das docas de entrada será possível enxergar uma das docas de saída e vice-versa, com fluxo nos dois sentidos do corredor. Conforme representado na figura 26 abaixo:

Figura 26: Representação do layout em "Linha"

Fonte: Autor

Layout em "Linha"

Nesse *layout* as docas de entrada (recebimento) e de saída (distribuição), serão posicionadas em paredes perpendiculares uma da outra, os corredores da Central de Distribuição (CD) são alinhados de forma que a circulação acontece em "Linha", com fluxo nos dois sentidos do corredor. Conforme representado na figura 27 abaixo:

Figura 27: Representação do layout em "L"

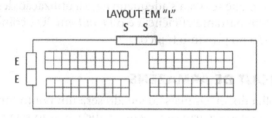

Fonte: Autor

Layout em "U"

Nesse *layout* as docas de entrada (recebimento) e de saída (distribuição), serão posicionadas na mesma parede que a outra, os corredores da Central de Distribuição (CD) são alinhados de forma que a circulação acontece em "U", com fluxo nos dois sentidos do corredor. Conforme representado na figura 28 abaixo:

Figura 28: Representação do layout em "U"

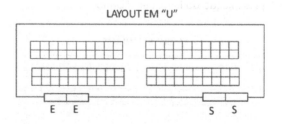

Fonte: Autor

Analisando os Layouts

Cada *layout* tem suas vantagens e desvantagens, principalmente quando falamos em condições de estrutura do terreno. Porém, quando se trata do *layout* em "U", o fato de suas docas tanto de entrada quanto de saída estarem em uma mesma parede, o torna o favorito para muitos consultores, inclusive do autor que aqui escreve. Esse *layout* me permite criar uma estrutura com um corredor entre duas ou mais docas, que aqui conheceremos como "corredor de *crossdocking*", onde toda carga que não será armazenada transitará por ele, sem participar do fluxo interno da central de distribuição. Essa estrutura está representada na figura 29 abaixo:

Figura 29: Representação do layout em "U" com o corredor de crossdocking

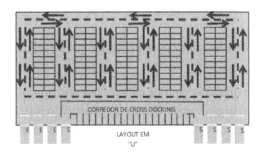

Fonte: Autor

4.4. CUSTO DE UTILIZAÇÃO DE CONTÊINERES

Os contêineres são grandes recipientes que podem ser construídos em vários tipos de materiais, como: aço, alumínio ou mesmo de fibra, eles são resistentes e de fácil manuseio. Sua finalidade principal é acondicionar produtos para que seja realizado seu transporte, evitando assim perdas por avarias nas operações e, consequentemente, perdas financeiras. Dessa forma é possível agilizar o processo de carregamento e descarga dos materiais transportados, assim como diminuir os prejuízos destes no transporte decorrentes de quebras, deteriorações e desvios, com isso os contêineres passaram a ter grande importância nos processos logísticos de transportes.

Cada contêiner irá possuir a marca do seu proprietário, o local de registro, um número de identificação, o tamanho, o tipo, a definição de espaço e o peso máximo que pode comportar.

Os contêineres são modulares e os de 20' (vinte pés) são considerados como um módulo e são denominados como TEU (*Twenty Feet or Equivalent Unit* – unidade de vinte pés ou equivalente), e servem de padrão para definição de tamanho para transporte em navio porta-contêiner.

Com a evolução mercadológica, novas necessidades surgiram e diferentes tipos de contêineres foram desenvolvidos, tais como: o *Standard*, o Refrigerado, o Ventilado, o *Open Top* etc. Os modelos e as características seguem abaixo:

▶ Contêiner *standard* para carga não perecível de 20 pés

Utilização

Para todo e qualquer tipo de carga. Possui vários locais para peação/fixação da carga tanto lateralmente quanto no piso ou teto. É um tipo convencional, logo, o mais utilizado entre todos devido à sua versatilidade para cargas secas, granéis e mesmo para carga úmida ou líquida, desde que devidamente embaladas.

Figura 30: Contêiner *standard* para carga não perecível de 20 pés

Fonte:https://www.stwlogistica.com.br/caracteristicas-contêineres/#1577139763045-a26f8e97-b4d5

Características

Dimensões Externas
Comprimento: 6.058 mm;
Largura: 2.438 mm;
Altura: 2.591 mm.

Dimensões Internas
Comprimento: 5.910 mm;
Largura: 2.340 mm;
Altura: 2.388 mm.

Pesos
Peso Máximo: 24.000 Kg;
Tara: 2.080 Kg;
Carga: 21.920 Kg;
Cubagem: 33,2 m³.

Abertura de porta
Largura: 2.346 mm;
Altura: 2.282 mm.

Fonte:https://www.stwlogistica.com.br/caracteristicas-contêineres/#1577139763045-a26f8e97-b4d5

▶ Contêiner *standard* para carga não perecível de 40 pés
Utilização
Para todo e qualquer tipo de carga. Possui vários locais para peação/fixação da carga tanto lateralmente quanto no piso ou teto. É um tipo convencional, logo, o mais utilizado entre todos devido à sua versatilidade para cargas secas, granéis e mesmo para carga úmida ou líquida, desde que devidamente embaladas.

Figura 31: Contêiner *standard* para carga não perecível de 40 pés

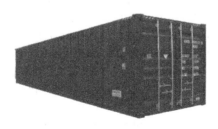

Fonte:https://www.stwlogistica.com.br/caracteristicas-contêineres/#1577139763045-a26f8e97-b4d5

Características

Dimensões Externas
Comprimento: 12.192 mm;
Largura: 2.438 mm;
Altura: 2.591 mm.

Dimensões Internas
Comprimento: 12.040 mm;
Largura: 2.342 mm;
Altura: 2.380 mm.

Pesos
Peso Máximo: 30.480 Kg;
Tara: 3.550 Kg;
Carga: 26.930 Kg;
Cubagem: 67,6 m³.

Abertura de porta
Largura: 2.337 mm;
Altura: 2.280 mm.

Fonte:https://www.stwlogistica.com.br/caracteristicas-contêineres/#1577139763045-a26f8e97-b4d5

Poderemos encontrar outros tipos de contêineres, cada um com suas especificidades. Para ilustrar teremos somente esses dois, que são os mais utilizados. Para o cálculo do custo do contêiner utilizaremos a faixa de R$ 3,00 a R$ 4,50 por quilômetro de distância.

Exemplo do cálculo do custo do contêiner

Em um porto temos dois postos de trabalho: o posto de trabalho B, que monta as peças em que um dos componentes é produzido no posto de trabalho A. A demanda está devidamente estabilizada e, é de 20,0 unidades por minuto. A empresa deseja implantar um sistema *kanban* entre os postos A e B, utilizando um conjunto de contêineres já disponíveis e que têm capacidade para 280 unidades do componente. Os tempos, em minutos, de preparação são: posto "A" = 7 min e posto "B" = 9 min. De operação são: posto "A" = 0,25 min e posto "B" = 0,75 min. De movimentação são: posto "A" = 6 min e posto "B" = 5 min. E de espera são: posto "A" = 10 min e posto "B" = 20 min. Deseja-se saber quanto custa para transportar por 1.800 km a quantidade de contêineres a um custo de R$ 3,80 por km de distância, para cada contêiner mensalmente. Sabendo que existe a necessidade de investimento para a realização do estudo de R$ 20.000,00, uma única vez, resolva o que se pede abaixo:

a) Determine o número de contêineres necessário para operar o sistema e o custo do transporte.
b) Determine o número de contêineres depois do estudo de melhoria de métodos, que deu como resultado uma redução de 50% nos tempos de preparação e de 25% nos de espera.
c) Vale apena investir no estudo?

Fórmulas:

Ttotal = (TpA + TpB) + Ccont x (ToA + ToB) + (TmA + TmB) + (TeA + TeB)

n = (D x Ttotal) / Ccont

Solução

a) Foi aplicada a fórmula do tempo total no MS Excel: "=((L3+M3)+C6*(L4+M4)+(L5+M5)+(L6+M6))", onde "L3" é a célula que guarda o valor do tempo de preparação do posto de trabalho A, que é somada a "M3", a célula que guarda o valor do tempo de preparação do posto de trabalho B, que é somada a "C6" que guarda o valor a capacidade do contêiner, que multiplica "L4" que é a célula que guarda o valor do tempo de operação do posto de trabalho A, somada a "M4" que é a célula que guarda o valor do tempo de operação do posto de trabalho B, que é somada a "L5" que é a célula que guarda o valor do tempo de movimentação do posto de trabalho A, somada a "M5" que é a célula que guarda o valor do tempo de movimentação do posto de trabalho B, somada a "L6" que é a célula que guarda o valor do tempo de espera do posto de trabalho A, que é somada a "M6" que é a célula que guarda o valor do tempo de espera do posto de trabalho B. O resultado está disponível na célula "G2" para o próximo cálculo, que é 337 minutos.

Com o resultado é possível aplicar a fórmula do número de contêiner: "=(A6*G2)/C6", onde "A6" é a célula que guarda o valor da demanda, que é multiplicado por "G2", que é a célula que guarda o valor do tempo total, calculado anteriormente, sendo o resultado dividido por "C6", que é a célula que guarda o valor da capacidade do contêiner. O resultado está disponível na célula "G3", que é 24,07, sendo arredondado na célula "I3", resultando em 25 contêineres. Deve ser observado que independentemente do valor da casa decimal, o arredondamento será sempre para cima.

b) Foi aplicada a fórmula do tempo total no MS Excel, desta vez aplicando a redução do tempo pela otimização dos processos pelo estudo: "=(0,50*(L3+M3)+C6*(L4+M4)+(L5+M5)+0,75*(L6 +M6))", onde 0,5 multiplica a soma de "L3" que é a célula que guarda o valor do tempo de preparação do posto de trabalho A, com "M3", que é a célula que guarda o valor do tempo de preparação do posto de trabalho B, que reduz o tempo de preparação em 50%, conforme o estudo, que é somada a "C6" que guarda o valor a capacidade do contêiner, que multiplica "L4" que é a célula que guarda o valor do tempo de operação do posto de trabalho A, que é somada a "M4" que é a célula que guarda o valor do tempo de operação do posto de trabalho B, que é somada a "L5" que é a célula que guarda o valor do tempo de movimentação do posto de trabalho A, somada a "M5" que é a célula que guarda o valor do tempo de movimentação do posto de trabalho B, somada a 0,75, que multiplica "L6" que é a célula que guarda o valor do tempo de espera do posto de trabalho A, que é somada a "M6" que é a célula que guarda o valor do tempo de espera do posto de trabalho B, que reduz o tempo de espera em 25%, conforme o estudo. O resultado está disponível na célula "G5" para o próximo cálculo, que é 321,5 minutos.

Com o resultado é possível aplicar a fórmula do número de contêiner: "=(A6*G5) / C6", onde "A6" é a célula que guarda o valor da demanda, que é multiplicado por "G5", que é a célula que guarda o valor do tempo total, calculado anteriormente, sendo o resultado dividido por "C6", que é a célula que guarda o valor da capacidade do contêiner. O resultado está disponível na célula "G6", que é 22,96, sendo arredondado na célula "I6", resultando em 23 contêineres. Deve ser observado que independentemente do valor da casa decimal, o arredondamento será sempre para cima.

c) Para responder à questão da letra C, será necessário calcular o custo total das letras A e B e verificar a diferença para entender se compensa realizar o estudo de redução do tempo. Para calcular o custo total da letra A no MS Excel temos: "=I9*C9*I3", onde "I9" é a célula que guarda o valor da distância a ser transportado cada contêiner, que é multiplicado por "C9", que é a célula que guarda o valor do custo por km/container, que é multiplicado por "I3", que é a célula que guarda o valor do total de contêineres necessários para atender ao sistema da letra A. Tendo como resultado R$ 171.000,00.

Para calcular o custo total da letra B no MS Excel temos: "=I9*C9*I6", onde "I9" é a célula que guarda o valor da distância a ser transportado cada contêiner, será multiplicado por "C9", que é a célula que guarda o valor do custo por km/container, que é multiplicado por "I6", que é a célula que guarda o valor do total de contêineres necessários para atender ao sistema da letra B. Tendo como resultado R$ 157.320,00.

Comparando os resultados temos a diferença de 2 contêineres a menos em B com a aplicação do estudo, tendo como diferença financeira de R$ 13.680,00. Como para realizar o estudo custa uma única vez R$ 20.000,00, a partir do segundo mês já teremos uma lucratividade maior, tendo recuperado o investimento.

Figura 32: Cálculo do custo pela utilização do contêiner

Demanda (unidades por minuto)	Capacidade do contêiner (Unidades)	Letra A	Ttotal =	337	min	25	Cont.	Tempo de 1 Postos	A	B
			n=	24,07	≈			Preparação	7	9
								Operação	0,25	0,75
20	280	Letra B	Ttotal =	321,5	min	23	Cont.	Movimentação	6	5
			n=	22,96	≈			Espera	10	20
Investimento	Custo por km/container	Custo Total letra A	Custo Total letra B	Distância	Diferença					
R$ 20.000,00	R$ 3,80	R$ 171.000,00	R$ 157.320,00	1.800	R$ 13.680,00	Mensal				

Fonte: Autor

4.5. CUSTO COM MOVIMENTAÇÃO DE PALLETS

O palete é uma base horizontal muito utilizada para acondicionar produtos, servindo para auxiliar nos processos logísticos: de armazenagem e de distribuição de empresas de diversos segmentos. Os *pallets* podem ser encontrados tradicionalmente de madeira, mas também de plástico, metal etc.

Características básicas de um pallet

Os *pallets* são essenciais no apoio de processos logísticos e devem seguir padrões específicos de acordo com cada país. O *pallet* brasileiro (PBR) tem medidas de 1m por 1,20m e pode ser confeccionado com diferentes especificações e materiais:

Pallets de contenção

Outro tipo bem específico de *pallets* são os de contenção asseguram que o vazamento de líquidos nocivos à saúde ao homem e ao meio ambiente sejam contidos. É uma ótima solução para se evitar a contaminação do solo. Eles são fáceis de limpar, transportar e de desmontar.

Custos com a movimentação dos pallets

O custo com a movimentação de *pallet* envolve todos os recursos para se pegar o produto paletizado e armazená-lo ou separá-lo para a distribuição, os recursos são: salário com o condutor das empilhadeiras, custo com o combustível utilizado pela empilhadeira, aqui será considerado o gás natural e a quantidade de *pallets* movimentada em um determinado período. Vejamos na prática como funciona.

Digamos que uma empresa tenha um custo mensal com o salário do condutor da empilhadeira de R$ 3.680,00 e um custo mensal de aproximadamente R$ 1.280,00 com gás combustível para cada empilhadeira. Com esse gasto é possível movimentar 70 *pallets* diariamente por empilhadeira. Sabendo que a empresa possui 15 empilhadeiras para esse trabalho, funcionando 6 em cada um dos três turnos, é preciso que se calcule o custo total mensal e o custo por *pallet* movimentado, sabendo que a empresa funciona 26 dias por mês. Para o cálculo serão utilizadas as fórmulas abaixo:

> ▶ Custo Total de condutores = Salário do condutor x Total de condutores;
> ▶ Custo Total combustível = Custo do combustível x quantidade de empilhadeiras;
> ▶ Custo Total (movimentação) = Custo Total de condutores + Custo Total combustível;
> ▶ Quantidade de *Pallets* = Total de empilhadeiras x Total *pallets* x Total de dias;
> ▶ Custo movimentação material = custo total (movimentação) ÷ soma dos *pallets*.

Solução

Para solucionar o cálculo no MS Excel, devemos aplicar as seguintes fórmulas: o custo total com os condutores das empilhadeiras será: "=D4*F4", onde "D4" é a célula que guarda o valor do salário do condutor da empilhadeira e, será multiplicado por "F4", que é a célula que guarda o valor da quantidade de empilhadeiras utilizadas em todo processo e tem como resultado R$ 66.240,00 reais mensais. Vale ressaltar que no salário utilizado está contemplado todos os tributos devidos, que equivalem a 110% do salário bruto do profissional aproximadamente.

O custo total com o gás combustível das empilhadeiras será: "=D5*F5", onde "D5" é a célula que guarda o valor do custo total do gás com uma empilhadeira e, será multiplicado por "F5", que é a célula que guarda o valor da quantidade de empilhadeiras utilizadas em todo o processo e tem como resultado R$ 23.040,00 reais mensais.

O custo total com a movimentação dos *pallets* será: "=D6+F6", onde "D6" é a célula que guarda o valor do custo total de todos os condutores e será somado com "F6", que é a célula que guarda o valor do custo total do gás combustível das empilhadeiras e tem como resultado R$ 89.280,00 reais mensais.

Depois é necessário se calcular o total de *pallets* movimentados no processo, que será: "=D7*F7*H7", onde "D7" é a célula que guarda o valor da quantidade de empilhadeiras utilizadas em todo o processo e será multiplicado por "F7", que é a célula que guarda o valor da quantidade de *pallets* movimentados diariamente pelas empilhadeiras e será multiplicado por "H7", que é a célula que guarda o valor dos dias trabalhados no mês e tem como resultado 32.760 *pallets* mensais.

O custo da movimentação de cada *pallet* será: "=D8 / F8", onde "D8" é a célula que guarda o valor do custo total da movimentação mensal e será dividido por "F8", que é a célula que guarda o valor da quantidade total de *pallets* movimentado no mês e tem como resultado R$ 2,73 reais por *pallet*.

Figura 33: Cálculo do custo pela utilização dos *pallets*

Sal. Condutor	N° de Empilhadeiras	Op.	Custo Combustível	Op.	Pallets p/ Empilhadeira	Op.	Dias trabalhados (mês)
R$ 3.680,00	18		R$ 1.280,00		70		26
C.T. Condutores	R$ 3.680,00	x	18			=	R$ 66.240,00
C.T. Combustível	R$ 1.280,00	x	18			=	R$ 23.040,00
Custo Total	R$ 66.240,00	+	23.040			=	R$ 89.280,00
QTDE Pallets	18	x	70	x	26	=	32.760
C. Mov. Material	R$ 89.280,00	/	32.760			=	R$ 2,73

Fonte: Autor

Com os resultados alcançados poderemos entender os custos e verificar os processos, na tentativa de reduzir os custos, quando possível. No próximo tópico teremos exercícios de fixação para a prática dos métodos deste capítulo.

4.6. EXERCÍCIOS DE FIXAÇÃO DO CAPÍTULO 4

1 – Refletindo sobre a extensão da empresa, transcreva a necessidade de implantação de uma Central de Distribuição (CD) ou de um *Transit Point*, aproximando a empresa de um potencial mercado consumidor, levando em consideração o menor custo possível.

2 – O *crossdocking* é um processo que nos permite reduzir custos associados a armazenagem. Descreva de que forma essa ferramenta pode ser implementada e que ganhos ela pode proporcionar.

3 – Nesse capítulo tivemos a oportunidade de conhecer três tipos de *layouts*, os mais utilizados no mercado atualmente. Com base na contextualização apresentada no capítulo, compare os tipos de *layouts* e indique o de melhor performance apresentada.

4 – Em um porto temos dois postos de trabalho: o posto de trabalho C, que monta as peças em que um dos componentes é produzido no posto de trabalho D. A demanda está devidamente estabilizada e é de 65,0 unidades por minuto. A empresa deseja implantar um sistema *kanban* entre os postos C e D, utilizando um conjunto de contêineres já disponíveis e que têm capacidade para 640 unidades do componente. Os tempos em minutos são: de preparação, para o posto "C" = 8 min e para posto "D" = 6 min; de operação, para o posto "C" = 0,85 min e para o posto "D" = 0,35 min; de movimentação, para o posto "C" = 4 min e para o posto "D" = 7 min e de espera, para o posto "C" = 25 min e para o posto "D" = 15 min. Deseja-se saber quanto custa para transportar por 2.800 km a quantidade de contêiner a um custo de R$ 4,20 por km de distância mensalmente. Sabendo que existe a necessidade de investimento para a realização do primeiro estudo de R$ 40.000,00 ou para o segundo estudo de R$ 50.000,00, para ambos uma única vez. Resolva o que se pede abaixo:

a) Determine o número de contêineres necessários para operar o sistema.

b) Determine o número de contêineres para o primeiro estudo de melhoria de métodos, que propõe como resultado uma redução de 27% nos tempos de preparação e de 18% nos tempos de espera.

c) Determine o número de contêineres para o segundo estudo de melhoria de métodos, que propõe como resultado uma redução de 21% nos tempos de operação e de 16% nos tempos de movimentação.

d) Descreva se é viável investir em algum dos estudos ou não.

5 – Uma determinada empresa tem um custo mensal com o salário do condutor da empilhadeira de R$ 4.160,00 e um custo mensal de aproximadamente R$ 1.350,00 com gás combustível para cada empilhadeira. Com esse gasto é possível movimentar 65 *pallets* diariamente por empilhadeira. Sabendo que a empresa possui 18 empilhadeiras para esse trabalho, funcionando 7 em cada um dos três turnos, é preciso que se calcule o custo total mensal e o custo por *pallet* movimentado, sabendo que a empresa funciona 30 dias por mês.

5
GESTÃO DO TRANSPORTE

Neste capítulo será tratado um dos processos mais onerosos, senão o mais, dentre os processos logísticos. O transporte sempre foi o mal necessário de todo processo, já que detém em torno de 60% de todo o custo logístico de uma empresa.

Aqui será tratado desde os conceitos fundamentais para o entendimento do processo, passando pelo sistema, pelos modais que o envolvem, pelos modelos que possibilitam melhor gestão de seus custos, até entendermos os custos para as empresas que optam por ter uma frota própria, independente dos motivos e a possibilidade de terceirização, que traz uma luz no fim do túnel na redução dos custos de transportes.

5.1. SISTEMA DE TRANSPORTE

Para entender o funcionamento do sistema de transporte é preciso entender desde a origem da palavra, então vamos começar respondendo a questão.

O que significa a palavra transporte?

A palavra transporte tem sua origem no latim e significa mudança de lugar.

Assim, podemos afirmar que transportar é conduzir, levar pessoas ou cargas de um lugar para outro.

Já um sistema de transporte será um conjunto formado por elementos, conforme abaixo:

1) Meio de transporte – Entende-se como a modalidade utilizada para o transporte.

2) Via de transporte – Será o meio pelo qual a trajetória acontecerá, por exemplo: terrestre (rodovia, ferrovia etc.), aquaviário (hidrovia, marítimo ou lacustre) etc.

3) Instalações – Localidades onde deverá ser realizado o carregamento, a descarga, o transbordo ou mesmo a armazenagem.

4) Sistema de controle – Poderá ser próprio ou terceirizado.

Para que tenhamos um sistema de transporte funcionando de forma adequada, é necessário que todos os elementos envolvidos estejam alinhados com os mesmos objetivos.

5.2. MODAIS DE TRANSPORTES

Os modais de transportes serão os meios que se pode realizar o deslocamento de pessoas ou carga de um lugar para o outro, temos como modais mais utilizados: os terrestres (rodoviário, ferroviário ou dutoviário), aquaviário (hidroviário, marítimo ou lacustre) e o aeroviário. Agora será apresentado cada modal com as suas principais características.

Transporte terrestre

Esse modal é caracterizado por seu deslocamento ser realizado por terra firme, sendo utilizadas as variações:

1) rodoviário – São os que utilizam, para o transporte, veículos sobre rodas, como caminhões, carretas etc.

2) ferroviário – São os que utilizam, para o transporte, veículos sobre trilhos, como trens e metrôs;

3) Dutoviário – São os que utilizam, para o transporte, condutos fechados.

Os modais são nomeados comercialmente como: rodoviário, ferroviário, dutoviário, aquaviário e aeroviário. Abaixo temos explicitadas as principais características de cada modal:

▶ **Rodoviário**

Possui como característica ser um modal recomendado para curtas distâncias percorridas, de 500 km no máximo, que torne seu uso viável em termos de custos.

Pode ser utilizado com cargas completas ou incompletas, não sendo economicamente viável transportar com a carga incompleta.

É o único modal que pode oferecer entrega porta a porta, possuindo maior flexibilidade, frequência e disponibilidade do que os demais modais.

Seus custos podem variar de acordo com a Lei da oferta e da procura, tendo seu custo por tonelagem maior do que os modais ferroviário e aquaviário, podendo alcançar até o triplo do valor.

▶ **Ferroviário**

Subordinado ao DTF – Departamento de Transporte Ferroviário, órgão vinculado ao Ministério dos Transportes. No plano internacional é o modal utilizado, geralmente, para efetuar transporte entre países limítrofes, ou seja, que façam fronteira.

Como características principais temos: é indicado para percursos de longas distâncias e com carga acima de pelo menos cinco vagões.

Costuma ser lento para carga e descarga, principalmente quando não é possível a utilização de recursos como o *pallet* ou o contêiner. Como não tem a capilaridade necessária para o transporte porta a porta, precisará de outros modais e, consequentemente, de transbordo de carga.

No Brasil, sua utilização é mais comum com produtos de baixo valor agregado, como comodities, matérias primas e acabados de baixo valor agregado, o que não impede de pensarmos em transporte de outros produtos, como já acontece em outros países em termos mundiais.

Sua capacidade de carga só é menor que a do aquaviário e indica-se que sua utilização seja sempre com cargas completas.

▶ **Dutoviário**

Se traduz no transporte por gravidade ou pressão mecânica, através de dutos adequadamente projetados à finalidade a que se destinam. É um modal que, pelas suas características, é utilizado para o transporte de granéis líquidos.

Possui como característica uma das formas econômicas de transporte para grandes volumes quando comparados com os modais ferroviário e rodoviário, desde que transporte granéis líquidos.

Também é considerado como um modal com agilidade, segurança e capacidade de fluxo no transporte, porém possui baixa flexibilidade, já que suas rotas são fixas.

Transporte aquaviário

Será considerado como transporte aquaviário quando o veículo utilizado se deslocar no meio líquido, estando, assim, incluídos o transporte marítimo, fluvial e lacustre.

Como característica desse modal, temos que é mais lento, comparado aos demais modais com a maior capacidade de carga dentre todos os modais.

Também detém a característica de possuir o mais baixo custo dentre os modais com um baixo nível de perdas e danos, chegando a estar entre os menores, senão o menor dentre os demais modais.

Sua frequência e disponibilidade, embora não se possa comparar com o modal rodoviário, é bem maior do que a que é utilizada no Brasil atualmente. Como não tem a capilaridade necessária para o transporte porta a porta, precisará de outros modais e, consequentemente, de transbordo de carga.

Seu funcionamento necessita de uma estrutura de apoio, principalmente para embarcações que possuam um grande tamanho, onde dentre outros recursos, é preciso usar o "prático", profissional responsável por guiar a ancoragem das embarcações, quando necessário.

✓ **Tipos de Navegação:**

Navegação de Cabotagem – É aquela navegação realizada entre os portos ou pontos do território nacional, ou seja, de um mesmo país, utilizando a via marítima e/ou as vias de navegação interior.

Navegação de Longo Curso – É aquela navegação realizada entre os portos brasileiros e estrangeiros, ou seja, não importa a distância, em países como o Brasil, com dimensões continentais, poderemos ter trechos de navegação de cabotagem que sejam maiores que trechos de navegação de longo curso.

Navegação Interior – É aquela navegação realizada em hidrovias interiores, seja em percurso nacional ou internacional. Em países limítrofes, esse poderia ser um caso de navegação de longo curso com percurso curto, como, por exemplo, entre o Brasil e Paraguai.

Navegação de Apoio Marítimo – É a navegação utilizada para apoio logístico às embarcações e instalações em águas territoriais nacionais, como o reboque de navios muito grandes, sendo utilizados rebocadores e/ou práticos.

Navegação de Apoio Portuário – É a navegação realizada exclusivamente nos portos e terminais aquaviários, para atendimento a embarcações e instalações portuárias, como descarregamento de carga ou pessoas, nos casos de portos com pouco calado (profundidade).

Transporte aeroviário

O modal aeroviário é a modalidade de transporte em que o deslocamento se dá pelo ar, pode-se ter como exemplos: aviões, helicópteros, balões, dirigíveis etc.

Possui como características ter alta velocidade. Comparado com os outros modais, é o que possui a maior velocidade da origem até o destino. Como não tem a capilaridade necessária para o transporte porta a porta, precisará de outros modais e, consequentemente, de transbordo de carga.

O custo para se transportar por esse modal é alto, por isso é mais indicado para produtos de alto valor agregado e/ou produtos perecíveis, sendo muito utilizado por pela área de Petróleo e Gás para transporte de recursos humanos e suprimentos emergenciais para as plataformas.

Segundo o site blog Bianch, (2020)

O Boeing 747 Dreamlifter [...] foi criado com base no Boeing 747-400, apresentando 71,6 metros de comprimento. Ele foi criado para transportar as peças do jato 787 entre as unidades da Boeing e uma de suas principais características é a "corcunda" da fuselagem, muito semelhante ao dos aviões Beluga, da Airbus. Segundo a própria Boeing, o peso máximo de decolagem dessa aeronave é de 364 toneladas, sendo 113 t de carga.

Esse modal possui o menor índice de danos e perdas, quando comparado com os demais modais de transporte.

A escolha mais adequada do modal

Para se realizar a escolha do melhor modal para determinado trecho ou produto, devem ser levadas em consideração algumas características, conforme segue abaixo:

▶ Características da Carga;
▶ Tempo Porta a Porta;
▶ Distâncias;
▶ Custo;
▶ Variabilidade no tempo de trânsito;
▶ Perdas e danos;
▶ Nível de serviço desejado.

A importância de se ter um sistema de transporte eficaz

Só se pode considerar que um sistema de transporte está funcionando de forma adequada quando: se consegue fazer o material certo chegar, com a quantidade solicitada pelo cliente, no lugar indicado pelo cliente, respeitando o prazo estipulado pelo cliente, nas condições adequadas e com os custos o mais baixo possível.

Mesmo sabendo que estamos prestando um bom nível de serviço, é importante entender o ponto de vista do cliente, que normalmente considera como eficaz quando suas necessidades são atendidas. Do ponto de vista empresarial, além de atender os clientes externos, é necessário atender aos clientes internos e se ter retorno dos investimentos realizados.

Princípios na atuação com o transporte

Um transporte feito com princípios deve agir com ética, possuir um alto gral de profissionalismo, utilizar-se de uma infraestrutura adequada a realização do serviço e possuir uma frota de veículos com manutenção adequada ao uso cotidiano.

5.3. MODELOS DE TRANSPORTES

Os modelos de transportes irão definir a quantidade de modais envolvidos no percurso do transporte do produto: da origem, local de onde é retirado o produto, até o destino, local onde deve ser entregue o produto. Também serão definidas a documentação e a responsabilidade com relação ao produto. Existem três tipos de modelos que serão tratados neste livro: a unimodalidade, a intermodalidade e a multimodalidade.

Unimodalidade

O modelo unimodal estará sendo aplicado quando o transporte do produto for feito por um único modal de transportes, desde a origem até alcançar o destino.

Com relação à documentação, é emitido um único documento fiscal para todo o trajeto da origem até o destino. A responsabilidade com relação ao produto será do único transportador.

No Brasil acontece muito o uso desse modelo, com o modal rodoviário, o que não é o mais adequado, já que ele é um país com dimensões continentais, com milhares de quilômetros a serem percorridos e o indicado para o modal é de 500 km no máximo.

Intermodalidade

O modelo intermodal estará sendo aplicado quando o transporte do produto for feito por dois ou mais modais de transportes, desde a origem até alcançar o destino. Devendo haver transbordo da carga de um modal para o outro ao logo do percurso em locais predeterminados.

Com relação à documentação, é emitido um documento fiscal para cada modal dentro do seu trajeto da origem até o destino, se forem dois modais teremos dois documentos fiscais, se forem três modais serão três documentos e assim por diante. A responsabilidade com relação ao produto será do transportador de cada parte do percurso, sendo passada a responsabilidade no momento da troca de modal.

Embora no Brasil tenhamos uma predominância do modelo unimodal, com o modal rodoviário, existe uma maior utilização do modelo intermodal atualmente, por conta do incentivo da redução dos custos totais no transporte e nova ferrovias que estão sendo concretizadas. Como, por exemplo, a Ferrovia Norte-Sul, que iniciou na década de 80 e que só no século 21 começou a ter entregues seus trechos concluídos. Com o avanço do projeto será possível perceber que os custos com os transportes serão reduzidos e, os lucros, inclusive de quem trabalha com o modal rodoviário, aumentarão.

Multimodalidade

O modelo multimodal estará sendo aplicado, assim como o intermodal, quando o transporte do produto for feito por dois ou mais modais de transportes, desde a origem até alcançar o destino. Devendo haver transbordo da carga de um modal para o outro ao logo do percurso em locais predeterminados.

Com relação à documentação, onde se diferencia do intermodal, é emitido um documento fiscal único para todo o seu trajeto, da origem até o destino. A responsabilidade com relação ao produto será do Operador de Transporte Multimodal (OTM). Esse novo ator surge para se responsabilizar por todo o processo, desde a retirada até a entrega do produto.

5.4. CÁLCULO DO CUSTO COM TRANSPORTE COM FROTA PRÓPRIA

O cálculo do custo com o transporte com frota própria deverá ser feito quando a empresa possui seus veículos para a realização das entregas. Ela também poderá ter um setor responsável pela manutenção dos veículos, ou terceirizar esse serviço, aqui será tratado como custo terceirizado.

Os custos com frota própria são divididos em custos variáveis, que serão aqueles que variam de acordo com a quantidade de serviços realizadas com o transporte e em custos fixos, que são aqueles que existirão independente da realização dos serviços com o transporte.

Para iniciarmos o cálculo dos custos será preciso seguir alguns passos:

▶ Definição dos itens de custos;
▶ Classificação dos itens de custos em fixos e variáveis;
▶ Cálculo dos custos fixos;
▶ Cálculo dos custos variáveis;
▶ Fazer uma estimativa de custo total.

Definição dos Itens de Custos

Custos fixos:

✓ Custo com Depreciação – A taxa de depreciação de veículos de carga é de 20% ao ano e seu prazo de depreciação será de 5 anos;

✓ Custo do Capital Parado – Este custo corresponde à possibilidade de investimento no mercado financeiro, em detrimento a compra de veículos para a frota própria, é indicado utilizar uma taxa oficial ao ano;

✓ Custo com Pessoal – Estes custos estão relacionados aos salários do motorista mais o salário do ajudante, normalmente um motorista e dois ajudantes. Vale lembrar que o salário de um profissional com carteira assinada, CLT, é o salário bruto mais 110% de tributações;

✓ Seguro do Veículo – Além do seguro obrigatório que pagamos no IPVA, manter o veículo segurado é uma garantia de poder diminuir os custos no caso de "sinistros", de ocorrências como: roubo/furto, acidentes com ou sem vítimas etc.;

✓ IPVA / Seguro Obrigatório – Como qualquer outro veículo, os de carga também tem o IPVA anual, junto já é cobrado o seguro obrigatório, normalmente é cobrado 1,5% sobre o valor venal do veículo. O valor venal corresponde ao valor de aquisição, subtraída a depreciação;

✓ Custos Administrativos – Estes são os custos referentes à gestão de cada veículo, vai depender de empresa para empresa.

Custos variáveis:

✓ Combustível – Este custo corresponde ao combustível gasto por km rodado para transportar a carga. O combustível normalmente utilizado pelos veículos de carga é o óleo diesel;

✓ Pneus – Este custo corresponde à troca ou recauchutagem do pneu a uma determinada quilometragem rodada com pelo veículo durante um período. Neste livro será considerado apenas o custo com a troca, embora seja comum a recauchutagem, pois é mais seguro;

✓ Lubrificantes – Este custo corresponde à necessidade de lubrificação de algumas peças, como a suspensão de forma periódica, aumentando a vida útil das peças;

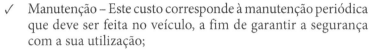

✓ Manutenção – Este custo corresponde à manutenção periódica que deve ser feita no veículo, a fim de garantir a segurança com a sua utilização;
✓ Pedágio – Este custo corresponde ao pedágio pago por trafegar em algumas rodovias pedagiadas.

Segundo a Agência Nacional de Transportes Terrestres (ANTT), o valor a ser cobrado deve seguir a tabela abaixo:

Tabela 1 – Tabela de tarifas de pedágios por categoria de veículos

Categoria por número de eixos	Descriminação do valor	Valor total
3 (três) eixos c/ reboque	-	R$ 19,30
4 (quatro) eixos	-	R$ 51,60
5 (cinco) eixos	-	R$ 64,40
6 (seis) eixos	-	R$ 77,30
7 (sete) eixos	R$ 74,60 (Cat 8) + 1 vez R$ 24,90 (Cat 2) =	R$ 99,50
8 (oito) eixos	R$ 74,60 (Cat 8) + 2 vez R$ 24,90 (Cat 2) =	R$ 124,40
9 (nove) eixos	R$ 74,60 (Cat 8) + 3 vez R$ 24,90 (Cat 2) =	R$ 149,30
10 (dez) eixos	R$ 74,60 (Cat 8) + 4 vez R$ 24,90 (Cat 2) =	R$ 174,20

Fonte: Adaptado de https://estradas.com.br/tarifas-de-pedagio-da-ecosul-sobem-neste-sabado-11/

Classificação dos itens de Custos em Fixos e Variáveis

Antes de começarmos os cálculos propriamente ditos, precisamos classificar os itens de custos em: custos variáveis ou custos fixos. Os custos variáveis serão aqueles que irão variar de acordo com a quantidade de serviços produzidos, aqui será representado pela quantidade de quilômetros rodados e/ou pela quantidade de toneladas transportadas. Já os custos fixos serão aqueles que são sempre os mesmos, realizando ou não os transportes de produtos, conforme a tabela abaixo:

Tabela 1 – Tabela de separação dos custos variáveis e fixos

Custos Variáveis	Custos Fixos
Combustível	Custo com Depreciação
Pneus	Custo do Capital Parado
Lubrificantes	Custo com Pessoal
Manutenção	Seguro do Veículo
Pedágio	IPVA / Seguro Obrigatório
	Custos Administrativos

Fonte: Autor

Depois de classificarmos os custos em fixos e variáveis, podemos partir pata o cálculo, primeiro trataremos do cálculo do custo fixo, depois do custo variável.

Cálculo dos Custos Fixos

Para o cálculo dos custos fixos serão utilizadas as seguintes fórmulas:

- Custo com Depreciação do Veículo:
- C_{Dep} = (Valor de Aquisição – Valor Residual) / Vida Útil (Valor residual calculado para o tempo de vida útil)
- Custo do Capital Parado:
- C_{Cap} = Valor de Aquisição x Taxa de Juros
- Custo de Administração de Frota:
- C_{Adm} = Custos de Administração / Qde de Veículos
- Custo com IPVA / Seguro Obrigatório:
- $C_{IPVA/SO}$ = Valor Anual / 12
- Custo com Pessoal:
- $C_{Pessoal}$ = Salários + encargos + Outros

> Com o somatório de todos os custos temos:
> CF = Cdep + CCap + CAdm + CIPVA / SO + CPessoal

Caso de exemplo para aplicação do custo fixo

Para o cálculo do custo fixo será utilizada uma empresa hipotética, para um caso real de transporte de arroz. Alguns dados foram retirados do estudo "A intermodalidade compensa? Um estudo do escoamento do arroz do Vale do Jacuí até a Praia do Forno em Arraial do Cabo (RJ)", sendo complementados com dados pesquisados no período da construção do livro.

A empresa LOMR Distribuidora LTDA. solicitou um levantamento de dados para que se chegasse ao real valor dos custos com o transporte da empresa.

Os dados iniciais foram extraídos para o cálculo dos "custos fixos", sendo o somatório de todas as partes o custo fixo total. Os dados para o cálculo são: a empresa adquiriu sete caminhões do tipo bitrem (caminhão com carroceria dupla), ao custo de R$ 85.700,00 por veículo, havendo o valor residual de 20% após os cinco anos de vida útil estipulado pela ANTT.

A taxa considerada pelo capital parado é de 5,7% ao ano, para se administrar a frota, existe um custo de R$ 8.500,00 por mês, já o IPVA pago por veículo é o de 1,5% sobre o valor venal do veículo, sendo que no primeiro ano o valor é o da aquisição e dos anos subsequentes, há uma perda do valor do veículo de 20% ao ano e ainda tendo um gasto de R$ 5.800,00 em média por motorista e de R$ 4.500,00 por ajudante, cada veículo possui um motorista e dois ajudantes. Nesses valores já estão incluídos os encargos, ou seja, são os valores totais com cada colaborador. Sendo assim, determine o custo fixo com o transporte por mês.

Solução

Para solucionar o cálculo do custo fixo no MS Excel, devemos aplicar as seguintes fórmulas: para o custo com a depreciação: "= (B3 – D3) / E3", onde "B3" é a célula que guarda o valor de aquisição do veículo e terá subtraído "D3", que é a célula que guarda o valor residual, o resultado da subtração será dividido por "E3", que é a célula que guarda o valor da vida útil do veículo em meses. O resultado do cálculo é de R$ 1.133,33 reais mensais.

Para o custo com o capital parado: "= B3*G3", onde "B3" é a célula que guarda o valor de aquisição do veículo e será multiplicado por "G3", que é a célula que guarda o valor do % (percentual) do capital parado. O resultado do cálculo é de R$ 403,75 reais mensais.

Para o custo com a administração: "= H3/F3", onde "H3" é a célula que guarda o valor da administração de toda a frota e, será dividido por "F3", que é a célula que guarda o valor da quantidade de veículos adquiridos. O resultado do cálculo é de R$ 1.214,29 reais mensais.

Para o custo com o IPVA: "= (B3*I3) / 12", onde "B3" é a célula que guarda o valor de aquisição do veículo e, será multiplicado por "I3", que é a célula que guarda o valor do % (percentual) do IPVA, o resultado da multiplicação será dividido por "12", para que o valor passe de anual para mensal. O resultado do cálculo é de R$ 106,25 reais mensais.

Para o custo com o pessoal: "= H5+2*I5", onde "H5" é a célula que guarda o valor do salário do motorista e, será somado com a multiplicação de 2 por "I5", que é a célula que guarda o valor do salário do ajudante, já que são dois ajudantes por veículo. O resultado do cálculo é de R$ 14.800,00 reais mensais. Vale ressaltar que no salário utilizado está contemplado todos os tributos devidos, que equivalem a 110% do salário bruto do profissional aproximadamente.

Para o custo fixo total, é necessário somar os custos individuais, sendo: 1.133,33 + 405,75 + 1.214,29 + 106,25 + 14.800,00, totalizando: R$ 17.657,62 reais por mês.

Figura 34: Cálculo do custo fixo do transporte de carga com frota própria

	Valor de aquisição	% do valor residual	Valor residual	Vida útil (em meses)	Quantidade de veículos	% do capital parado	Valor da administração da frota	% do IPVA
	R$ 85.000,00	20%	R$ 17.000,00	60	7	0,48%	R$ 8.500,00	1,5%
CDEP =	R$ 1.133,33	CDep = (Valor de Aquisição – Valor Residual) / Vida Útil				% de perda	Salário do Motorista	Salário do Ajudante
CCAP =	R$ 403,75	CCap = Valor de Aquisição x Taxa de capital parado				20%	R$ 5.800,00	R$ 4.500,00
CADM =	R$ 1.214,29	CAdm = Custos de Administração / Qtde de Veículos						
CIPVA =	R$ 106,25	CIPVA= Valor de Aquisição x Taxa do IPVA						
CPES =	R$ 14.800,00	CPessoal = Salários + encargos + Outros						
Total =	R$ 17.657,62	CF = Cdep + CCap + CAdm + CIPVA + SO + Cpessoal						

Fonte Autor

Como o custo fixo foi gerado para o mês, se faz necessário que ele seja convertido para quilômetro. Essa conversão se dá em duas etapas: a primeira será converter de mês para horas, depois de horas para quilômetros, conforme a figura que representa a tabela de conversão.

Figura 35: Tabela de conversão do custo fixo de mês para km

	Custo por veículo por mês	Custo da frota por mês	Custo da frota por hora	Custo da frota por km	Horas trabalhadas no mês	Velocidade média em km/h
CDEP =	R$ 1.133,33	R$ 7.933,33	R$ 33,06	R$ 0,47		
CCAP =	R$ 403,75	R$ 2.826,25	R$ 11,78	R$ 0,17		
CADM =	R$ 1.214,29	R$ 8.500,00	R$ 35,42	R$ 0,51	240	70
CIPVA =	R$ 106,26	R$ 743,75	R$ 3,10	R$ 0,04		
CPES =	R$ 14.800,00	R$ 103.600,00	R$ 431,67	R$ 6,17		
Total =	R$ 17.657,62	R$ 123.603,33	R$ 515,01	R$ 7,36		

Fonte Autor

Cada custo da coluna de "Custo da frota por mês" é dividido por 240, que está na coluna de "Horas trabalhadas no mês", gerando a coluna de "Custo da frota por hora".

Em seguida a coluna de "Custo da frota por hora" é dividido por 70, valor da velocidade média dos veículos, que está na coluna de "Velocidade média em km/h", gerando a coluna de. "Custo da frota por km".

Finalizado o custo fixo com a devida conversão, no próximo tópico que será realizado o cálculo dos custos variáveis, seguindo uma continuidade do caso do custo fixo, completando assim o cálculo do custo total com o transporte com frota própria.

Fórmulas para o cálculo dos custos variáveis:

▶ Custo com Combustível

$$\checkmark \quad C_{Comb} = \frac{Preço\ por\ Litro}{Rendimento\ (km/L)}$$

▶ Custo com Trocas de Óleo

$$\checkmark \quad C_{Óleo} = \frac{Preço\ do\ Litro\ de\ Óleo\ (R\$/L)\ x\ Capacidade\ do\ Tanque\ (L)}{Intervalo\ entre\ as\ Trocas\ (km)}$$

▶ Custo com Lavagem / Lubrificação

✓ $C_{Lav/Lub} = \dfrac{Custo\ da\ Lavagem\ ou\ Lubrificação}{Intervalo\ (km)}$

▶ Custos com Pneus

✓ $C_{Pneus} = \dfrac{Qde\ de\ Penus\ x\ (P1 + Qde\ de\ Recapagens\ x\ P2)}{Vida\ Útil\ de\ um\ Pneu\ com\ Recapagem\ (km)}$

▶ Custos com Manutenção

✓ $C_{Manut} = \dfrac{Custo\ de\ Manutenção\ Total}{Quilometragem\ Rodada}$

▶ Custos com Pedágio

✓ $C_{Ped} = \dfrac{Custo\ de\ Pedágio}{Quilometragem\ Rodada}$

Caso de exemplo para aplicação do custo variável

Para o cálculo do custo variável será utilizada uma empresa hipotética, para um caso real de transporte de arroz.

A empresa LOMR Distribuidora LTDA. solicitou um levantamento de dados para que se chegasse ao real valor dos custos com o transporte da empresa.

Os dados iniciais foram extraídos para o cálculo dos "custos variáveis", sendo o somatório de todas as partes o custo variável total, os dados para o cálculo são:

A empresa adquiriu sete caminhões do tipo bitrem (caminhão com carroceria dupla), ao custo de R$ 85.700,00 por veículo, havendo o valor residual de 20% após os cinco anos de vida útil estipulado pela ANTT.

Sabe-se que cada veículo faz em média 7 km por litro de diesel, carga completa, a um custo de R$ 5,460 por litro, em média.

Para a troca do óleo é gasto uma média de R$ 21,72 por litro a cada 40 km, o tanque recebe em cada troca em média, 23,5 litros.

O custo de lavagem e lubrificação fica em média R$ 128,00 a cada 2.500 km.

O tempo que a troca de pneus de um caminhão acontece é a cada 200.000 km e o custo relativo a essa troca é de R$ 5.337,00 por pneu, cada caminhão utiliza 14 pneus.

O custo da manutenção total de cada veículo é de R$ 2.500,00 a 3.000 km rodados pelo veículo no período.

O cálculo dos custos com o pedágio, em uma viagem de aproximadamente 1.695,8 Km, que representam a passagem por 13 pontos de pedágios a um custo de R$ 99,40 em média por ponto. Sendo assim, calcule os custos variáveis de transportes.

Com base nos dados do caso acima, será possível aplicar as fórmulas e termos o resultado do custo variável total por veículo e o custo variável total de toda a frota, conforme demonstrado na tabela representada pela figura 36 abaixo:

Figura 36: Cálculo do custo variável total por veículo e o custo variável total de toda a frota km

Fonte Autor

Para solucionar o cálculo do custo variável no MS Excel, devemos aplicar as seguintes fórmulas: Para o custo com o combustível: "= B29 / C29", onde "B29" é a célula que guarda o valor do litro do combustível e será dividida por "C29", que é a célula que guarda o valor do rendimento em km/l. O resultado do cálculo é de R$ 0,78 reais por km.

Para o custo com o óleo: "= (E29 * F29) / G29", onde "E29" é a célula que guarda o valor do litro do óleo e, será multiplicada por F29, que é a célula que guarda o valor da capacidade do tanque e, será dividida por "G29", que é a célula que guarda o valor do intervalo de troca em km. O resultado do cálculo é de R$ 12,76 reais por km.

Para o custo com a lavagem/lubrificação: "= H29 / I29", onde "H29" é a célula que guarda o valor da lavagem/lubrificação e, será dividida por "I29", que é a célula que guarda o valor do intervalo entre as lavagens em km. O resultado do cálculo é de R$ 0,05 reais por km.

Para o custo com os pneus: "= (K29 * J29) / L29", onde "K29" é a célula que guarda o valor da quantidade de pneus por veículo e, será multiplicada por J29, que é a célula que guarda o valor do preço de cada pneu e será dividido por "L29", que é a célula que guarda o valor do intervalo de troca em km. O resultado do cálculo é de R$ 0,37 reais por km.

Para o custo com a manutenção: "= I31 / J31", onde "I31" é a célula que guarda o valor do preço da manutenção por veículo e será dividida por "J31", que é a célula que guarda o valor da quilometragem rodada. O resultado do cálculo é de R$ 0,83 reais por km.

Para o custo com o pedágio: "= K31 / L31", onde "K31" é a célula que guarda o valor do custo com pedágio por veículo e será dividida por "L31", que é a célula que guarda o valor da quilometragem rodada. O resultado do cálculo é de R$ 0,76 reais por km.

Para finalizarmos o cálculo do custo variável total, é necessário somar os custos individuais, sendo: 0,78 + 12,76 + 0,05 + 0,37 + 0,83 + 0,76, totalizando: R$ 15,56 reais por km por veículo. Multiplicando esse total por 7, teremos o custo variável total da frota, que é de R$108,92.

5.5. CÁLCULO DO CUSTO COM TRANSPORTE COM TERCEIRIZAÇÃO

Antes de iniciarmos com o cálculo propriamente dito, precisamos conhecer vias disponíveis de alguns modais, que nos permitirá utilizar modelos como intermodalidade e multimodalidade em detrimento ao uso da unimodalidade pelo uso do rodoviário, que é o único com capilaridade para entregar porta a porta. Os dados apresentados abaixo foram extraídos dos sites oficiais de cada agência regulatória para cada modalidade de transportes de carga.

Segundo a ANTT, temos o trecho de Brasília – DF, ao porto de Angra dos Reis – RJ, esse trecho possui uma extensão de aproximadamente 1.182 km de vias rodoviárias e segundo a Ferrovia Centro-Atlântica – FCA, empresa que administra o ferroviário deste trecho, possui 1.475 km de vias ferroviárias.

Segundo dados da Agência Nacional de Transportes Aquaviários (ANTAQ, 2012), o porto de Angra dos Reis, localizado na Baía da Ilha Grande, no estado do Rio de Janeiro, trata-se de um porto público, de propriedade da Companhia Docas do Rio de Janeiro (CDRJ) que foi arrendado à iniciativa privada em 2009.

Ainda segundo a ANTAQ, o porto possui acesso rodoviário pela RJ-155, que conecta as BR-101 e BR-494, a 7 km do porto e, ferroviário através do ramal Barra Mansa / Angra dos Reis, operado pela FCA – Ferrovia Centro-Atlântica S/A, ligando o porto à região centro-sul do Estado do Rio de Janeiro, e desta as regiões Sudeste, Centro-Oeste e Nordeste.

Segundo a Ferrovia Centro-Atlântica S.A. (2015), ela obteve a concessão da Malha Centro-Leste, pertencente à Rede Ferroviária Federal S.A., no leilão realizado em 14/06/1996. Em 01/09/1996 empresa iniciou a operação dos serviços públicos de transporte ferroviário de cargas. Ela conta hoje com uma malha ferroviária de mais de 8.000 km de extensão, atuando em oito estados diferentes, transportando diferentes tipos de produtos tais como: soja, milho, açúcar, bauxita, calcário, cimento, fosfato, fertilizantes, ferro-gusa, petroquímicos e álcool, dentre outros.

Segundo ainda a Ferrovia Centro-Atlântica S.A. (2015), a variedade de produtos que utilizam as linhas da FCA para ir dos produtores aos consumidores é grande. Em 2008, 31% do volume de que transportamos era de produtos agrícolas, 39% de industrializados e 30% de outros tipos.

A VLI é uma *holding* que tem como sócios a Vale, Mitsui, Brookfield, FI-FGTS e BNDESPar, ou seja, a gestão e a administração da FCA são independentes. Com a missão de transformar a logística do país, a VLI é uma companhia que traz um novo olhar sobre a logística, conectando a cadeia logística dos seus clientes e garantindo a opção mais eficiente para cada desafio. Com uma operação multimodal que integra portos, ferrovias e terminais, a VLI atende aos principais segmentos que movimentam a economia brasileira: agronegócio, indústria e siderurgia (FCA, 2021).

Nesse momento será utilizado o site da Empresa de Projetos Logísticos – EPL, empresa criada pelo Governo Federal para regularizar os projetos em andamentos e alinhar os novos.

A criação veio depois de mais de 20 anos de início da construção da Ferrovia Norte-Sul, controlada pela VALEC, que hoje, em 2021, está próxima de ser concluída sua "espinha dorsal", projetos de vindos dos extremos do Brasil, ligando as regiões produtoras aos diversos portos brasileiros, que também seguem um caminho de reformulação e modernização até 2030, portos como: de Itaqui (MA), de Paranaguá (PN) etc.

Neste site, o da EPL, existe um simulador que calcula os preços aplicados pela quilometragem rodada, para as principais possibilidades de modais de transporte de carga, a serem consideradas as tonelagens para serem transportadas. Sendo assim, vamos ao tópico prático onde serão demonstradas as aplicações de dois modelos o da "unimodalidade" e da "intermodalidade", então poderão ser considerados os custos totais para que seja verificado o melhor modelo a ser aplicado.

Caso para aplicação do custo do transporte terceirizado

O caso que será utilizado para aplicação, foi utilizado para a dissertação de Mestrado, finalizada em 2010, desse autor que vos escreve, sem que na época existisse o apoio de qualquer ferramenta como o simulador da EPL, tendo sido utilizada a Simulação de Monte Carlo para a confirmação dos resultados. O nome da empresa não será divulgado no livro, preservando assim, sua identidade, sendo chamada aqui de "empresa X". A descrição do caso segue abaixo:

A empresa X, cooperativa de arroz, situada no Vale do Jacuí (RS), tem como principal missão a coleta, armazenagem e distribuição do grão de pequenos produtores da região, seus cooperados. Em 2009 fez o transporte de 1.200 toneladas até o Porto da Praia do Forno, situado na cidade de Arraial do Cabo (RJ). O percurso tratado no estudo e fornecido pela empresa foi de: 1.922 km com o modal rodoviário, da origem até o destino, modelo de transporte unimodal e para o modelo intermodal foi de: 216 km com o modal rodoviário, da origem até um ponto de transbordo para o modal ferroviário em Porto Alegre. Sendo percorrido 750 km com o modal ferroviário, do primeiro ponto de transbordo até o ponto de transbordo para o modal aquaviário no porto de São Francisco (SC). Sendo percorrido 850 km com o modal aquaviário (cabotagem), do segundo ponto de transbordo até o ponto de destino no porto da Praia do Forno – Arraial do Cabo (RJ).

Aplicação dos custos para a Unimodalidade com o modal rodoviário

O uso do simulador da EPL irá nos dar o custo para a quilometragem rodada com cada modal e o custo total será finalizado com o uso do MS Excel.

Começaremos pelo cálculo com o modelo utilizado pela empresa do estudo, a unimodalidade de transporte, com o modal rodoviário, conforme demonstrado na figura 37 abaixo:

Figura 37: Cálculo utilizando o modelo da Unimodalidade pelo site da EPL com 1.922 km

Fonte: https://www.epl.gov.br/

No site da EPL só tem uma possibilidade de cálculo para o modal rodoviário, utilizando a quilometragem de 1.922 km, temos o resultado de R$ 301,77 por tonelada transportada.

Aplicação dos custos para a intermodalidade com o modal rodoviário, ferroviário e aquaviário (Cabotagem)

Para o cálculo com o modelo da intermodalidade de transporte, modelo verificado no estudo com a possibilidade de redução dos custos, teremos o cálculo para os modais rodoviário, ferroviário e aquaviário (cabotagem).

No site da EPL só tem uma possibilidade de cálculo para o modal rodoviário, como visto na unimodalidade, na intermodalidade será utilizado a quilometragem de 216 km, temos o resultado de R$ 47,47 por tonelada transportada, conforme demonstrado abaixo:

Figura 38: Custo: modelo da Intermodalidade pelo site da EPL com 216 km de modal rodoviário

Fonte: https://www.epl.gov.br/

No site da EPL tem duas possibilidades de cálculo para o modal ferroviário: o "Custo Médio Ferroviário – Com tarifas acessórias" e "Custo Médio Ferroviário – Sem tarifas acessórias", para o cálculo na intermodalidade será utilizado a com tarifas acessórias e a quilometragem de 750 km, tendo como resultado de R$ 68,54 por tonelada transportada, conforme demonstrado abaixo:

Figura 39: Custo: modelo da Intermodalidade pelo site da EPL com 750 km de modal ferroviário

Fonte: https://www.epl.gov.br/

No site da EPL só tem uma possibilidade de cálculo para o modal aquaviário (cabotagem), na intermodalidade será utilizado a quilometragem de 850 km, tendo como resultado de R$ 31,34 por tonelada transportada, conforme demostrado abaixo:

Figura 40: Custo: modelo da Intermodalidade pelo site da EPL com 850 km de modal aquaviário

Fonte: https://www.epl.gov.br/

A primeira parte para o cálculo do custo já foi realizada pelo site da EPL, com os resultados obtidos em R$/t (reais por tonelada), poderemos agora calcular o custo total com a quantidade transportada em toneladas. Conforme a figura 41 abaixo:

Figura 41: Custo total entre os resultados com o modelo da Unimodalidade vs. Intermodalidade

	Dados do problema			
	Modelo de transportes	Unimodalidade em km	Intermodalidade em km	Quantidade em Toneladas
Modais de transportes	Rodoviário	1922	216	1.200
	Ferroviário		750	
	Hidroviário (Cabotagem)		850	

		Cálculo com dados site da EPL totalizado no MS Excel em 16/12/2021				
		Modelo de transportes	Custo pela quilometragem pelo site da EPL	Custo total do transporte pelo MS Excel		Comparação
				Unimodalidade	Intermodalidade	
Modelos de transportes	Unimodalidade	Rodoviário =	R$ 301,77	R$ 362.124,00		R$ 362.124,00
	Intermodalidade	Rodoviário =	R$ 47,47		R$ 56.964,00	R$ 176.820,00
		Ferroviário =	R$ 68,54		R$ 82.248,00	Diferença
		Hidroviário (Cabotagem) =	R$ 31,34		R$ 37.608,00	
		Totais =		R$ 362.124,00	R$ 176.820,00	R$ 185.304,00

Fonte: Autor

Na figura acima é possível observar que o custo total pela unimodalidade é de R$ 362.124,00 (trezentos e sessenta e dois mil, cento e vinte e quatro Reais) e que o custo total da intermodalidade está dividido em: custo com o rodoviário de R$ 56.964,00 (cinquenta e seis mil, novecentos e sessenta e quatro Reais), custo com o ferroviário de R$ 82.248,00 (oitenta e dois mil, duzentos e quarenta e oito Reais) e custo com o aquaviário (cabotagem) de R$ 37.608,00 (trinta e sete mil, seiscentos e oito Reais), totalizando: R$ 176.820,00 (cento e setenta e seis mil, oitocentos e vinte Reais). A diferença com a utilização entre os dois modelos é de R$ 185.304,00 (cento e oitenta e cinco mil, trezentos e quatro Reais), representando uma diferença percentual de 51,17% (cinquenta e um e dezessete centésimos) percentuais.

5.6. EXERCÍCIOS DE FIXAÇÃO DO CAPÍTULO 5

1 – O sistema de transporte tem uma formação com elementos que permite enxergar o seu funcionamento. Cada elemento tem sua característica própria, que contribui para o entendimento do sistema como um todo. Com base nessas informações, descreva os elementos com suas respectivas funcionalidades no sistema de transporte.

2 – Todo sistema de transporte terá como uma de seus elementos, o modal de transporte. Cada modal tem suas características e peculiaridades próprias. Sendo assim, descreva de forma objetiva as principais características de cada modal.

3 – Os sistemas de transportes funcionam através de modelos de transportes que regulam os tipos de documentação e os tipos de responsabilidades sobre o produto transportado que cada transportador tem. Sendo assim, explique os modelos apresentados no capítulo e as suas peculiaridades.

4 – Uma determinada empresa solicitou um levantamento de dados para que se chegasse ao real valor dos custos com o transporte da empresa. Os dados iniciais foram extraídos para o cálculo dos "custos fixos" e dos "custos variáveis", sendo o somatório de todas dos dois o custo total com o transporte com frota própria. Os dados para o cálculo são: Custos fixos → A empresa adquiriu oito caminhões do tipo bitrem (caminhão com carroceria dupla), ao custo de R$ 105.890,00 por veículo, havendo o valor residual de 20% após os cinco anos de vida útil estipulado pela ANTT.

A taxa considerada pelo capital parado é de 6,9% ao ano, para se administrar a frota, existe um custo de R$ 12.500,00 por mês. O IPVA pago por veículo é o de 1,5% sobre o valor venal do veículo, sendo que no primeiro ano o valor é o da aquisição e dos anos subsequentes, há uma perda do valor do veículo de 20% ao ano e ainda tendo um gasto de R$ 4.900,00 em média por motorista e R$ 3.700,00 por ajudante, cada veículo, possui um motorista e dois ajudantes, nesses valores já estão incluídos os encargos, ou seja, são os valores totais com cada colaborador.

Para o custo variável → Cada veículo faz em média 5 km por litro de diesel, carga completa, a um custo de R$ 5,26 por litro.

Para a troca de óleo é gasto uma média de R$ 25,00 por litro a cada 60 km, o tanque recebe em cada troca 23 litros. O custo de lavagem e lubrificação fica em média R$ 178,00 a cada 4.500 km.

O tempo que a troca de pneus de um caminhão acontece é a cada 200.000 km e o custo relativo a essa troca é de R$ 5.300,00 por pneu, cada caminhão utiliza 18 pneus.

O Custo da Manutenção Total de cada veículo é R$ 3.500,00 a 4.000 km rodados pelo veículo no período.

O cálculo dos custos com o pedágio, em uma viagem de 2.800 Km em média fica em R$ 1.750,00. Sendo assim, calcule os custos fixos e os custos variáveis, gerando o custo total com o transporte.

5 – A empresa X, cooperativa de milho, situada em Mato Grosso, região Centro-Oeste do Brasil, tem como principal missão a coleta, armazenagem e distribuição do grão de pequenos produtores da região, seus cooperados. Em determinado ano fez o transporte de 2.300 toneladas até Curitiba (PR). O percurso tratado no estudo e fornecido pela empresa foi de, aproximadamente, 1.513 km com o modal rodoviário, da origem até o destino, modelo de transporte unimodal e para o modelo intermodal foi de aproximadamente 316 km com o modal rodoviário, da origem até um ponto de transbordo para o modal ferroviário. Sendo percorrido 550 km com o modal ferroviário, do primeiro ponto de transbordo até o ponto de transbordo para o modal aquaviário (cabotagem). Sendo percorrido 650 km com o modal aquaviário, do segundo ponto de transbordo até o ponto de destino em Curitiba (PR). Utilizando o site da EPL, determine o custo total com o transporte terceirizado.

6
ESTUDOS DE CASOS

6.1. ESTUDOS DE CASOS DO "CAPÍTULO 2"

6.1.1. Estudo de caso da "Gestão da demanda"

Contexto

Uma determinada empresa, uma pequena indústria de massas, produz três tipos de macarrão: "Fininho", "Espague" e "Espaguetinho". Começou suas atividades o modelo de produção em massa, onde produzia uma grande quantidade, mesmo sem saber se seria vendida toda a sua produção. Com isso, os desperdícios da matéria prima na produção, as perdas com furtos e avarias de produtos acabados, foram ficando insustentáveis com o passar do tempo, tornando-se um problema para que a empresa alavancassem seus lucros

Dados do problema:

Tipo de produção: Em massa;

Problemas: Desperdícios na produção, perdas com furtos e avarias etc.

Desafio

Busca-se por alguma solução logística de produção que possa ser mais eficiente, do que o modelo de produção utilizado. Com base no capítulo, apresente um método que ajude a empresa com seus objetivos, justificando sua indicação.

6.1.2. Estudo de caso da "Gestão da estocagem"

Uma empresa resolveu investir inserindo um novo produto, o macarrão "espaguete". Para isso houve a necessidade de conhecer os custos com a estocagem desse novo produto, ou seja, o custo por resolver investir na aquisição desse produto para distribuição e venda. Assim, alguns dados foram coletados:

Dados do problema:

- Seu estoque reflete uma média de 18.800 unidades por dia de espaguete;
- O custo unitário é de R$ 2,38;
- Foi determinada uma taxa de juros de 7,6% ao ano;
- A taxa de tributação mensal é de 17%;
- Existe um custo que é dividido com mais dois tipos de espaguetes no valor de R$ 36.000,00, com estoque médio de 33.000 unidades das duas;
- A vida útil do produto é de 18 meses;
- O seu valor residual representa 7,6% de seu valor de aquisição;
- O índice do risco por manter o estoque é de 9,3%;
- O índice por falta do produto é de 5,9%;
- O preço de venda tem um valor que corresponde a 42% sobre o custo unitário do produto.

Desafio

Nesse caso, a empresa necessita que seja feito o cálculo do custo de estocagem mensal para ver a possibilidade de se investir na inclusão desse novo produto. Sendo assim, desenvolva o cálculo do custo total.

6.1.3. Estudo de caso "Gestão do giro e cobertura do estoque"

A empresa Tempo exato precisou decidir onde seria armazenado o novo produto na central de distribuição: se mais próximo da saída (expedição) ou mais próximo da entrada (recebimento), para isso seria necessário saber qual era o giro desse produto e se seu estoque estava cobrindo a demanda de um determinado mês.

Dados do problema:

Os dados mensais de seus estoques são:
- A quantidade de itens vendidos no mês é igual a 10.180 unidades;
- A quantidade de itens do estoque médio no mês é igual a 12.000;
- O estoque deve cobrir 30 dias.

Desafio

Com base nos dados, a empresa precisa de consultoria no assunto. Sendo assim, necessita-se que seja feito o cálculo para conhecer o giro e a cobertura do produto.

6.1.4. Estudo de caso "Gestão do nível de serviço perfeito"

A empresa Tempo Exato é uma distribuidora que percebeu a necessidade de conhecer sua participação de mercado em termos de nível de serviço, sendo assim, resolveu saber o quão perfeito estava seu nível de serviço.

Dados do problema:

Para entender melhor como estavam funcionando seus processos de entrega e distribuição, levantou os seguintes dados de um determinado mês:

- Número de pedidos feitos no mês foi de 12.745;
- Entregas completas igual a 11.995;

- Entregas dentro do prazo acordado igual a 12.580;
- entregas com a notas fiscais sem erros, igual a 12.600.

Desafio

Com base nos dados, a empresa precisa que seja verificado o nível de serviços de cada entrega e o quanto ele é perfeito.

6.1.5. Estudo de caso "Gestão do nível de serviços, ponto de reposição e estoque de segurança"

Contexto

A empresa LOMR LTDA. é uma empresa que adquire seus produtos para revenda. Nos últimos meses, ou ela comprava mais do que precisava e ficava com excesso de produtos no estoque ou, comprava menos, deixando de atender a demanda.

Dados do problema:
- Quantidade de pedidos entregues no mês de 3.285;
- Quantidade de pedidos emitidos nesse mesmo mês de 3.538;
- A quantidade de estoque da 1ª semana é de 4.360;
- A quantidade de estoque da 2ª semana é de 4.380;
- A quantidade de estoque da 4ª semana é de 4.340;
- Um item apresenta uma demanda diária variada de 4.385, 4.348, 4.263 e 4.304;
- O tempo de reposição é constante e igual a 4 dias;
- O estoque médio é de 4.300 unidades.

Desafio

Deseja-se saber o valor que o estoque deve ter no momento de sua reposição, com o valor do estoque de segurança. Também será necessário calcular o nível de serviço e a 3ª semana.

6.2. ESTUDOS DE CASOS DO "CAPÍTULO 3"
6.2.1. Estudo de caso "Gestão da curva ABC do custo total com a acurácia".

Contexto

A Empresa Organização Extrema Ltda. é uma rede de distribuição do varejo que possui uma quantidade de produtos que está causando uma perda financeira muito alta, com problemas de avarias, furtos e outras perdas.

Dados do problema:

A empresa organizou os itens com seus dados, conforme tabela representada pela figura 42 abaixo:

Figura 42: Tabela com os dados para o cálculo da curva ABC pelo custo total

Fonte: Autor

Desafio

Desenvolver a tabela da curva ABC dos custos totais e a acurácia de cada curva com os dados da tabela, indicando os itens e suas prioridades.

6.2.2. Estudo de caso "Gestão da curva ABC do consumo com a acurácia".

Contexto

A Empresa Organização Extrema Ltda. é uma rede de distribuição do varejo que possui uma quantidade de produtos que está causando uma perda financeira muito alta, com problemas de avarias, furtos e outras perdas. Os produtos são posicionados nos espaços vazios encontrados na Central de Distribuição (CD).

Dados do problema:

A empresa organizou os itens com seus dados, conforme tabela representada pela figura 43 abaixo:

Figura 43: Tabela com os dados para o cálculo da curva ABC pelo consumo

Código do item	Consumo (unidades / ano)	Custo ($ / unidade)	Custo Total ($ / Total de unidade)	Total Acumulado por Produto	Percentual por Produto	Percentual Acumulado por Produto	Ordenação da curva ABC	Quantidade inventário
1010	607,5	R$ 3,17						589
1020	31.847	R$ 0,61						30.891
1030	16.234	R$ 2,77						15.747
1045	904,5	R$ 4,86						877
1060	33,75	R$ 202,50						32
2015	8.829	R$ 1,08						8.476
2035	3.321	R$ 16,20						3.188
2050	4.698	R$ 3,51						4.510
3010	1.688	R$ 0,11						1.620
3025	5.427	R$ 0,68						5.232
3055	2.552	R$ 3,71						2.460
5050	918	R$ 5,27						885
5070	465,75	R$ 9,18						449
6070	13.325	R$ 1,01						12.725
7080	7.668	R$ 0,47						7.323

Classe	Dados do Sistema	%Itens no Sistema	Itens Contados	%Itens Contados (inventário)	Itens com Divergências	Acurácia	% de Diferença da Acurácia
A							
B							
C							
Totais							

Fonte: Autor

Desafio

Desenvolver a tabela da curva ABC do consumo e as acurácias de cada curva com os dados da tabela, indicando os itens e suas prioridades.

6.3. ESTUDO DE CASOS DO "CAPÍTULO 4"
6.3.1. Estudo de caso "Gestão da Central de Distribuição (CD) e Transit Point".

Contexto

Uma determinada rede varejista, seguindo a visão de ampliação dos negócios, decidiu planejar a entrada em uma região que ainda não atua. O setor estratégico identificou duas possibilidades de atendimento das novas filiais na ampliação: uma Central de Distribuição (CD) ou um *Transit Point*, cada um com características próprias de funcionamento.

Dados do problema:

O projeto tem previsão de lançar 5 filiais com a possibilidade de trabalhar com produtos de porte médio e grande armazenados somente nas filiais ou sendo entregue para os clientes sem ser pela filial. A decisão final depende do entendimento do processo de cada possibilidade.

Desafio

Refletindo sobre "extensão da empresa" apresentado nesse capítulo, descreva cada processo de funcionamento destacando em cada possibilidade o melhor a ser implantado com relação a uma Central de Distribuição (CD) ou um *Transit Point*, levando em consideração o menor custo possível.

6.3.2. Estudo de caso "Gestão da ferramenta de crossdocking".

Contexto

A empresa Organização Extrema deseja implantar a ferramenta de *crossdocking* em sua Central de Distribuição (CD), que é um processo que nos permite reduzir custos associados a armazenagem, onde o produto deve chegar na Central de Distribuição, paletizado e unitizado com filme plástico ou tiras de pressão, tendo uma etiqueta terciária e ser distribuído sem que seja armazenado.

Dados do problema:

A empresa possui uma Central de Distribuição (CD) com 12 (doze) docas: sendo 6 (seis) docas de entrada (recebimento) e outras 6 (seis) de saída (expedição). O *layout* utilizado na CD é do tipo "U", ou seja, todas as docas estão alinhadas em uma mesma parede.

Desafio

Descreva de que forma essa ferramenta, *crossdocking*, pode ser implementada na empresa e que ganhos ela pode proporcionar.

6.3.3. Estudo de caso "Gestão de implantação de layout".

Contexto

A empresa LORM Ltda. adquiriu um terreno com o objetivo de construir uma Central de Distribuição (CD) com o *layout* mais adequado à utilização de ferramentas como o *crossdocking*.

Dados do problema:

- Tamanho do terreno: de 50 metros por 40 metros, totalizando 200 m²;
- Previsão de 5 docas de entrada (recebimento) e 5 (cinco) docas de saída (expedição);
- Boxes dinâmicos para produtos auto empilháveis;
- Porta paletes para produtos armazenáveis;
- Boxes dinâmicos para recebimento/expedição.

Desafio

Dentre os três tipos de *layouts* vistos neste capítulo, descreva como implantar o mais adequado à necessidade da empresa, justificando a escolha.

6.3.4. Estudo de caso "Gestão do custo com a utilização do contêiner".

Contexto

A empresa *Port Express* tem um custo muito alto com a utilização dos contêineres, pois seus processos estão muito demorados. Na busca pela redução dos custos, com a utilização dos contêineres, solicitou dois estudos de otimização de processos.

Dados do problema:

No porto são dois postos de trabalho: o posto de trabalho K, que monta as peças em que um dos componentes é produzido no posto de trabalho W. Os tempos dos processos estão elencados abaixo:

- A demanda está devidamente estabilizada e é de 75,0 unidades por minuto.
- Capacidade do contêiner de 480 unidades da peça.
- Tempo de preparação para o posto "K" = 4 min e posto "W" = 7 min;
- Tempo de operação para o posto "K" = 1,15 min e posto "W" = 0,75 min;
- Tempo de movimentação para o posto "K" = 6 min e posto "W" = 9 min;
- Tempo de espera para o posto "K" = 15 min e posto "W" = 25 min;
- O primeiro estudo de melhoria de métodos propõe como resultado uma redução de 35% nos tempos de preparação e de 24% nos de espera;

▶ O segundo estudo de melhoria de métodos propõe como resultado uma redução de 18% nos tempos de operação e de 22% nos de movimentação.

Desafio

A empresa deseja implantar um sistema kanban entre os postos K e W, utilizando um conjunto de contêineres já disponíveis, desenvolva o que está elencado abaixo.

a) Determine o número de contêineres necessário para operar o sistema com os dados antes da aplicação dos estudos nos processos;

b) Determine o número de contêineres necessário para operar o sistema com os dados depois da aplicação do primeiro estudo nos processos;

c) Determine o número de contêineres necessário para operar o sistema com os dados depois da aplicação do segundo estudo nos processos

d) Descreva se é viável investir em algum dos estudos ou não;

e) Deseja-se saber quanto custa para transportar por 1.800 km a quantidade de contêiner encontrada, a um custo de R$ 6,40 por km de distância mensalmente. Sabendo que existe a necessidade de investimento para a realização do primeiro estudo de R$ 55.000,00 ou para o segundo estudo de R$ 65.500,00, para ambos uma única vez.

6.3.5. Estudo de caso "Gestão do custo da utilização dos pallets".

Contexto

A empresa Organização Extrema tem um custo de movimentação com *pallets* que é desconhecido. Esse custo envolve custos fixos, como os de condutores de empilhadeiras e custos variáveis, como o custo com combustível para a movimentação das empilhadeiras. Com esses gastos é possível movimentar uma determinada quantidade de *pallets*.

Dados do problema:

- Salário do condutor da empilhadeira de R$ 5.280,00;
- Custo mensal de aproximadamente R$ 2.760,00 com gás combustível para cada empilhadeira;
- Movimentação de 65 pallets diariamente por empilhadeira;
- A empresa possui 22 empilhadeiras para esse trabalho;
- Utilização de 10 em cada um dos três turnos;
- A empresa funciona 30 dias por mês.

Desafio

É preciso que se calcule o custo total mensal e o custo por *pallet* movimentado, com base nos dados apresentados.

6.4. ESTUDOS DE CASOS DO "CAPÍTULO 5"

6.4.1. Estudo de caso "sobre sistemas de transportes".

Contexto

Um grupo de investidores resolveu empreender em um novo negócio relacionado a transporte de cargas. Tiveram a orientação da necessidade de conhecerem sobre sistemas de transportes e suas peculiaridades.

Dados do problema

Elementos dos sistemas de transportes.

- Meio de transporte;
- Via de transporte;
- Instalações;
- Sistema de controle.

Desafio

Com base nessas informações, descreva os elementos com suas respectivas funcionalidades no sistema de transporte, explicando a importância de cada elemento para a eficiência do sistema.

6.4.2. Estudo de caso "Gestão sobre modais de transportes".

Contexto

Uma rede distribuidora do varejo decidiu entender melhor seu sistema de transporte, com isso se observou que todo sistema de transporte tem como um de seus elementos o modal de transporte e que não estava claro a funcionalidade dos modais. Cada modal tem suas características e peculiaridades próprias.

Dados do problema

Como dados para a resolução teremos:

- Modal rodoviário;
- Modal ferroviário;
- Modal aquaviário;
- Modal dutoviário;
- Modal aeroviário.

Desafio

Descreva de forma objetiva as principais características de cada modal que terão impacto direto na performance e nos custos em um modelo qualquer de transporte.

6.4.3. Estudo de caso "sobre modelos de transportes".

Contexto

A determinada empresa de varejo tem que distribuir para diversos pontos comerciais no Brasil, o que atualmente faz pelo modal rodoviário. Os custos com o transporte ficam demasiadamente alto, o que faz com que a empresa se torne cada vez menos competitiva no mercado, já que precisa passar esses custos para os seus produtos.

Dados do problema

Os dados para esse problema vão envolver duas situações diferentes, que aqui trataremos como "Situação A" e "Situação B", com a distância média entre as entregas, a quantidade a ser transportada em *pallets* e toneladas, uma origem e um destino, conforme apresentado abaixo:

▶ A distância a ser percorrida para a "Situação A" é de aproximadamente, 1.483 km;
▶ A distância a ser percorrida para a "Situação B" é de aproximadamente 340 km;
▶ A quantidade a ser transportada para a "Situação A" é de 240 *pallets*, com cada *pallet* pesando 1 tonelada cada;
▶ A quantidade a ser transportada para a "Situação B" é de 24 *pallets*, com cada *pallet* pesando 1 tonelada cada;
▶ A origem da "Situação A" é Uberlândia e o destino é Pontes e Lacerda;
▶ A origem da "Situação B" é Uberlândia e o destino é Goiânia;

Desafio

A empresa utiliza para as duas situações o transporte rodoviário, conforme mencionado na contextualização. Sendo assim, explique demonstrando cada situação se ambas devem manter o modelo ou se pode haver alguma mudança para alguma das situações que reduza os custos totais.

6.4.4. Estudo de caso "do custo do transporte com frota própria".

Contexto

A empresa LOMR Ltda. é uma rede varejista que possui uma frota própria para transportar seus produtos por todo o Brasil. Mesmo sabendo que seu custo é demasiadamente alto, sua justificativa é que seu nível de serviço é mantido, que é alto e, justifica os custos.

Dados do problema

Sob uma nova direção, houve a solicitação do levantamento dos dados para que fossem levantados os custos atuais, conforme apresentado abaixo:

Custos fixos:
- São 8 (oito) caminhões do tipo bitrem (caminhão com carroceria dupla);
- Custo de R$ 115.700,00 por veículo;
- O valor residual de 20% após os cinco anos de vida útil;
- A taxa pelo capital parado é de 8,5% ao ano;
- Custo para administrar a frota é de R$ 13.500,00 por mês;
- A taxa do IPVA pago por veículo é de 1,5% sobre o valor venal do veículo;
- Perda do valor do veículo é de 20% ao ano;
- Custo de R$ 5.350,00 em média por motorista;
- Custo de R$ 3.650,00 por ajudante;
- Cada veículo possui um motorista e dois ajudantes;

Custos variáveis:
- Cada veículo faz em média 6 km por litro de diesel a um custo de R$ 4,96 por litro;
- Custo de óleo de R$ 23,50 por litro a cada 60 km, o tanque recebe em cada troca 23 litros;
- O custo de lavagem e lubrificação fica em média R$ 178,00 a cada 4.500 km;
- A troca de pneus do veículo acontece a cada 200.000 km a um custo de R$ 4.900,00 por pneu, cada caminhão utiliza 16 pneus;

- O Custo da Manutenção Total por veículo é de R$ 3.500,00 a 4.000 km rodados pelo veículo;
- Custos com o pedágio, em uma viagem de 1.300 Km em média fica em R$ 1.380,00.

Desafio

A nova direção deseja que se determine os custos fixos e os custos variáveis, gerando o custo total com o transporte por mês.

6.4.5. Estudo de caso "Gestão do custo do transporte com terceirização".

Contexto

A empresa LOMR Ltda. é uma cooperativa de farelo de soja, situada em Uberlândia, tem como principal missão a coleta, a armazenagem e a distribuição do grão de pequenos produtores da região, seus cooperados. Está prevista para 2022, uma boa safra.

Dados do problema

Com uma boa previsão da safra foi solicitado que se levantassem os dados para comparar o uso de dois modelos de transportes, conforme descrito abaixo:

- Safra de aproximadamente 26.200 toneladas;
- O percurso de, aproximadamente, 1.483 km com o modal rodoviário, de Uberlândia até o Pontes e Lacerda, modelo de transporte unimodal;
- Pelo modelo intermodal foi de aproximadamente 436 km com o modal rodoviário, da origem até um ponto de transbordo para o modal ferroviário;
- Sendo percorrido 760 km com o modal ferroviário, do primeiro ponto de transbordo até o ponto de transbordo para novamente o modal rodoviário. Sendo percorrido 350 km com o modal rodoviário, do segundo ponto de transbordo até o ponto de destino em Pontes e Lacerda.

Desafio

A empresa necessita saber em qual modelo deve ser planejada a distribuição do produto, a partir dos dados coletados. Sendo assim, utilizando o site da Empresa de Projetos Logísticos (EPL), demonstre o custo para cada modelo que foram apresentados os dados e justifique a melhor escolha.

7
RESOLUÇÃO DOS EXERCÍCIOS DE FIXAÇÃO E DOS ESTUDOS DE CASOS

7.1. RESOLUÇÃO DOS EXERCÍCIOS DE FIXAÇÃO

7.1.1. Resolução dos exercícios de fixação capítulo 2

7.1.1.1. Gabarito exercício de fixação 1:

A aplicação da filosofia *Just In Time* (JIT) tem a finalidade de reduzir a produção para a quantidade demandada, não havendo excesso na produção, se reduz os desperdícios como: avarias, furtos e outras perdas. Logo, a indicação mais adequada para a situação é o JIT.

7.1.1.2. Gabarito exercício de fixação 2:

Figura 44: Tabela com o gabarito do exercício de fixação 2

		Est. Médio	Custo Unitário	Tx de Juros	Tributação
		18.800	R$ 2,38	0,63%	17,0%
COCP =	R$	283,38	% Residual	Valor Residual	Índice de Risco
CIS =	R$	7.606,48	7,6%	R$ 0,18	9,3%
CS =	R$	13.065,64	Custo Rateado	Qtde. outros P	Vida Útil
CD =	R$	2.296,86	R$ 36.000,00	33.000	18
CPR =	R$	4.161,19	Índice de Falta	% V. Venda	Valor de Venda
CF =	R$	1.108,76	5,9%	42,0%	R$ 3,38
Total =	R$	28.522,30			

Fonte: Autor

7.1.1.3. Gabarito exercício de fixação 3:

Figura 45: Tabela com o gabarito do exercício de fixação 3

Giro do Estoque	
Qtde. Vendida	Qtde. Média
12.340	10.960

Giro =	1,13

Cobertura do Estoque		
Vl. Mat. Cons.	Vl. Est. Méd.	Período
12.340	10.960	30

Giro =	1,13
Índ. Cob. =	26,65

Fonte: Autor

7.1.1.4. Gabarito exercício de fixação 4:

Figura 46: Tabela com o gabarito do exercício de fixação 4

Número de pedidos feitos no mês	Número de entregas completas	Número de entregas no prazo	Número de entregas sem erros	% de entregas completas	% de entregas no prazo	% de entregas sem erros	% de perfeição
11.430	9.880	10.780	11.250	86,44%	94,14%	98,43%	80,09%

Fonte: Autor

7.1.1.5. Gabarito exercício de fixação 5:

Figura 47: Tabela com o gabarito do exercício de fixação 5

NS	Qtde pedido entregue	Qtde pedidos feitos	
91,07%	3.538	3.885	

EM	1ª sem	2ª sem	3ª sem	4ª sem
3.400	3.460	3.480	3.220	3.440

R	L - Médio	D - Média	Demanda				Es	Z	Desvio P.	Raiz de L
			1º Dia	2º Dia	3º Dia	4º Dia				
13.712,61	4	3400	3.485	3.348	3.363	3.404	112,61	0,92	61,41	2,00

Fonte: Autor

Resolução dos Exercícios de Fixação e dos Estudos de Casos

7.1.2. Resolução dos exercícios de fixação capítulo 3
7.1.2.1. Gabarito exercício de fixação 1:

Figura 48: Tabela com o gabarito do exercício de fixação 1

Fonte: Autor

7.1.2.2. Gabarito exercício de fixação 2:

Figura 49: Tabela com o gabarito do exercício de fixação 2

Fonte: Autor

7.1.3. Resolução dos exercícios de fixação capítulo 4

7.1.3.1. Gabarito exercício de fixação 1:

Ambas as possibilidades são ótimas soluções para a extensão de empresas, sendo que a Central de Distribuição (CD) tem um custo muito mais alto para ser implantada, diante de sua estrutura física necessária, logo será indicada quando houver a necessidade de armazenagem de produtos de grande porte, que seriam comprados nas filiais e entregues pela CD. Já o *Transit Point*, possui uma estrutura unicamente para transbordo de cargas, ou seja, para receber carretas e transpor a carga diretamente para veículos menores, embora sua estrutura seja menos custosa, será indicado apenas nos casos de não haver necessidade de armazenagem.

7.1.3.2. Gabarito exercício de fixação 2:

A implantação de um processo como o *crossdocking* acontece quando existe a possibilidade de uma parceria, onde o fornecedor entrega a carga em *pallets* separados por filiais. Normalmente acontece com produtos de fácil furto ou com valor agregado mais alto. Quando implantado é possível se economizar nos custos de movimentação de carga e armazenagem, além das reduções nas avarias e furtos.

7.1.3.3. Gabarito exercício de fixação 3:

Os três *layouts* são passíveis de serem utilizados, porém o *layout* em "U" apresenta uma possibilidade que os demais não apresentam, que é a de poder criar um corredor de *crossdocking* sem que o tráfego fique comprometido. Sendo assim, o *layout* em "U" é o meu indicado e favorito nas consultorias.

7.1.3.4. Gabarito exercício de fixação 4:

Figura 50: Tabela com o gabarito do exercício de fixação 4

Demanda (unidades por minuto)	Capacidade do contêiner (Unidades)	Letra A	Total =	833	min			Tempo de \ Postos	C	D
			n=	84,60	≈	85	Cont.	Preparação	8	6
								Operação	0,85	0,35
		Letra B	Total =	822,02	min			Movimentação	4	7
65	640		n=	83,49	≈	84	Cont.	Espera	25	15
Investimento estudo 1	Investimento estudo 2							Distância	Custo por km/container	
		Letra C	Total =	669,96	min					
R$ 40.000,00	R$ 50.000,00		n=	68,04	≈	69	Cont.	2.800	R$	4,20
Custo Total letra A		R$ 987.840,00	Diferença	R$ 176.400,00						
Custo Total letra B		R$ 811.440,00								

Fonte: Autor

7.1.3.5. Gabarito exercício de fixação 5:

Figura 51: Tabela com o gabarito do exercício de fixação 5

Nº de Empilhadeiras	Op.	Custo Combustível	Op.	Pallets p/ Empilhadeira	Op.	Dias trabalhados (mês)
21		R$ 1.350,00		65		30
R$ 4.160,00	x	21			=	R$ 87.360,00
R$ 1.350,00	x	21			=	R$ 28.350,00
R$ 87.360,00	+	28.350			=	R$ 115.710,00
21	x	65	x	30	=	40.950
R$ 115.710,00	/	40.950			=	R$ 2,83

Fonte: Autor

7.1.4. Resolução dos exercícios de fixação capítulo 5
7.1.4.1. Gabarito exercício de fixação 1:

1) Meio de transporte – Este elemento será o modal utilizado para a realização do transporte.

2) Via de transporte – Este elemento será o meio pelo qual a trajetória acontecerá, por rodovias, por ferrovias etc.

3) Instalações – Este elemento será a localidade onde deverá ser realizado o carregamento, a descarga, o transbordo ou mesmo a armazenagem.

4) Sistema de controle – Este elemento será próprio ou terceirizado, no caso de terceirizado podendo ter duas possibilidades de modelos com um único modal ou mais de um modal.

7.1.4.2. Gabarito exercício de fixação 2:

Modal rodoviário possui um custo variável muito alto quando se trata de grandes distâncias, mais de 500 km, porém é o único que tem capilaridade para fazer entrega porta a porta. Possui capacidade baixa de transporte, podendo chegar a aproximadamente 60 toneladas nos veículos de maior capacidade.

Modal ferroviário possui alta capacidade de transporte, perdendo apenas para o modal aquaviário. Baixo custo variável para longas distâncias e grandes quantidades, sendo mais caro apenas do que o aquaviário. Muito utilizado para produtos de baixo valor agregado, o que não precisa ser visto como regra.

Modal aquaviário, possui a maior capacidade dentre os modais, também o menor custo, porém não possui capilaridade para entrega porta a porta. Também é um dos mais lentos dentre os modais, o que é compensado pelas demais características.

Modal dutoviário é um tipo de transporte muito peculiar e utilizado por quem precisa transportar graneis líquidos ou gasosos. É muito utilizado pela área de petróleo e gás ou para transportar água pelas companhias de água pelo mundo.

Modal aeroviário é o mais rápido dentre os modais, por possuir um custo muito alto é muito utilizado para produtos de alto valor agregado. É o mais novo dentre os modais.

7.1.4.3. Gabarito exercício de fixação 3:

O modelo de unimodalidade é quando se utiliza apenas um modal de transporte para realizar a distribuição da origem até o destino. O único modal de transporte com capilaridade para realizar esse modelo é o rodoviário. Existirá um único documento e um único responsável pelo transporte por todo o percurso.

O modelo de intermodalidade de transporte é aquele em que a distribuição acontece com dois ou mais modais de transportes. Existirá um documento para cada modal envolvido e cada modal será responsável pelo trecho que fizer o transporte.

O modelo de multimodalidade de transporte é similar a intermodalidade, tendo como diferença a presença do Operador de Transporte Multimodal (OTM), que será responsável por todo o trajeto e emitirá um único documento fiscal para todo o percurso.

7.1.4.4. Gabarito exercício de fixação 4:

Figura 52: Tabela com o gabarito do exercício de fixação 5

	Valor de aquisição	% do valor residual	Valor residual	Vida útil (em meses)	Quantidade de veículos	% do capital parado	Valor de administração da frota		% do IPVA
	R$ 105.890,00	20%	R$ 21.178,00	60	8	0,58%	R$ 12.500,00		1,5%
CDEP =	R$ 1.411,87	CDep = (Valor de Aquisição – Valor Residual) / Vida Útil				% de perda	Salário do Ajudante		
CCAP =	R$ 608,87	CCap = (Valor de Aquisição x Taxa de capital parado				20%	R$ 3.700,00		
CADM =	R$ 1.562,50	CAdm = Custos de Administração / Qtde de Veículos							
CIPVA =	R$ 132,36	CIPVA= Valor de Aquisição x Taxa do IPVA							
CPES =	R$ 12.300,00	CPessoal = Salários + encargos + Outros							
Total =	R$ 16.015,60	CF = Cdep + CCap + CAdm + CIPVA / SO + Cpessoal							

Conversão do custo fixo de mês para km

	Custo por veículo por mês	Custo da frota por mês	Custo da frota por hora	Custo da frota por km	Horas trabalhadas no mês	Velocidade média em km/h
CDEP =	R$ 1.411,87	R$ 11.294,93	R$ 47,06	R$ 0,67	240	70
CCAP =	R$ 608,87	R$ 4.870,94	R$ 20,30	R$ 0,29		
CADM =	R$ 1.562,50	R$ 12.500,00	R$ 52,08	R$ 0,74		
CIPVA =	R$ 132,36	R$ 1.058,90	R$ 4,41	R$ 0,06		
CPES =	R$ 12.300,00	R$ 98.400,00	R$ 410,00	R$ 5,86		
Total =	R$ 16.015,60	R$ 128.124,77	R$ 533,85	R$ 7,63		

Cálculo do custo variável

	Preço combustível por litro	Rendimento em km/l	Quantidade de veículos	Preço óleo por litro	Capacidade do tanque	Intervalo de troca em km	Preço da lavagem/ lubrificação	Intervalo entre lavagens em km	Preço por pneu	Quilometragem Rodada	Quantidade de pneus por veículo	Intervalo de troca em km
	R$ 5,260		5	R$ 25,00	23,00	60	R$ 178,00	4.500	R$ 5.300,00		18	200.000
C_comb =	R$ 1,05	CComb = Preço por Litro / Rendimento (Km/L)					Preço da manutenção por veículo		Quilometragem Rodada		Custo com pedágio por veículo	Quilometragem Rodada
C_óleo =	R$ 9,58	CÓleo = Preço do Litro de Óleo(R$/L) x Capacidade do Tanque(L) / Intervalo entre as Trocas (Km)					R$ 3.500,00		4.000		R$ 1.750,00	2.800,0
C_lavLub =	R$ 0,04	ClavLub= Preço do serviço / Intervalo da lavagem (Km)										
C_pneus =	R$ 0,48	CPneus= (Quantidade de Pneus x Preço do pneu) / Tempo de troca do Pneu (Km)										
C_manut =	R$ 0,88	CManut= Preço da manutenção / Quilometragem Rodada										
C_ped =	R$ 0,63	CPed = Custo de Pedágio / Quilometragem Rodada										
Total =	R$ 12,65	CV = CComb + CÓleo + CLavLub + CPneus + Cmanu + Cped										
Total Frota =	R$ 101,22	Total Frota = Total x Quantidades de veículos										

Fonte: Autor

7.1.4.5. Gabarito exercício de fixação 5:

Figura 53: Tabela com o gabarito do exercício de fixação 5

		Dados do problema				
		Modelo de transportes	Unimodalidade em km	Intermodalidade em km	Quantidade em Toneladas	
Modais de transportes		Rodoviário	1513	316	2.300	
		Ferroviário		550		
		Hidroviário (Cabotagem)		650		
		Cálculo com dados site da EPL totalizado no MS Excel em 16/12/2021				
		Modelo de transportes	Custo pela quilometragem pelo site da EPL	Custo total do transporte pelo MS Excel		Comparação
				Unimodalidade	Intermodalidade	
Modelos de transportes	Unimodalidade	Rodoviário =	R$ 240,81	R$ 553.863,00		R$ 553.863,00
	Intermodalidade	Rodoviário =	R$ 62,38		R$ 143.474,00	R$ 338.261,00
		Ferroviário =	R$ 57,61		R$ 132.503,00	Diferença
		Hidroviário (Cabotagem) =	R$ 27,08		R$ 62.284,00	
		Totais =		R$ 553.863,00	R$ 338.261,00	R$ 215.602,00

Fonte: Autor

7.2 RESOLUÇÃO DOS ESTUDOS DE CASOS
7.2.1. Estudo de caso do capítulo 2
7.2.1.1. Gabarito estudo de caso 1:

A indicação para solucionar esse problema seria a "produção enxuta", com a aplicação da filosofia *Just In Time* (JIT), que irá ajudar a reduzir a produção para a quantidade demandada, logo não haverá excesso na produção, reduzindo, dessa forma, os desperdícios e perdas atuais.

7.2.1.2. Gabarito estudo de caso 2:

Figura 54: Tabela com o gabarito do estudo de caso 2

	Est. Médio	Custo Unitário	Tx de Juros	Tributação
	18.500	R$ 9,48	0,58%	17,0%
COCP =	R$ 1.023,05	% Residual	Valor Residual	Índice de Risco
CIS =	R$ 29.814,60	11,5%	R$ 1,09	7,5%
CS =	R$ 6.901,55	Custo Rateado	Qtde. outros Prod.	Vida Útil
CD =	R$ 19.401,41	R$ 36.000,00	78.000	8
CPR =	R$ 13.153,50	Índice de Falta	% V. Venda	Valor de Venda
CF =	R$ 5.471,86	6,5%	48,0%	R$ 14,03
Total =	R$ 75.765,97			

Fonte: Autor

Resolução dos Exercícios de Fixação e dos Estudos de Casos

7.2.1.3. Gabarito estudo de caso 3:

Figura 55: Tabela com o gabarito do estudo de caso 3

Giro do Estoque	
Qtde. Vendida	Qtde. Média
10.180	12.000

Giro =	0,85

Cobertura do Estoque		
Vl. Mat. Cons.	Vl. Est. Méd.	Período
10.180	12.000	26

Giro =	0,85
Índ. Cob. =	30,65

Fonte: Autor

7.2.1.4. Gabarito estudo de caso 4:

Figura 56: Tabela com o gabarito do estudo de caso 4

Número de pedidos feitos no mês	Número de entregas completas	Número de entregas no prazo	Número de entregas sem erros	% de entregas completas	% de entregas no prazo	% de entregas sem erros	% de perfeição
12.745	11.995	12.580	12.600	94,12%	98,71%	98,86%	91,84%

Fonte: Autor

7.2.1.5. Gabarito estudo de caso 5:

Figura 57: Tabela com o gabarito do estudo de caso 5

NS	Qtde pedido entregue	Qtde pedidos feitos			
92,85%	3285	3538			

EM	1ª sem	2ª sem	3ª sem	4ª sem
	4300	4360	4380	4120	4340

R	L - Médio	D - Média	Demanda				Es	Z	Desvio P.	Raiz de L
			1º Dia	2º Dia	3º Dia	4º Dia				
17.018,94	4	4075	4385	3348	4263	4304	718,94	0,74	487,31	2,00

Fonte: Autor

Ferramentas Qualitativas e Quantitativas Aplicadas à Tomada de Decisão em Logística

7.2.2. Estudo de caso do capítulo 3
7.2.2.1. Gabarito estudo de caso 1:

Figura 58: Tabela com o gabarito do estudo de caso 1

Código do item	Consumo (unidades / ano)	Custo ($ / unidade)	Custo Total ($ / Total de unidade)	Total Acumulado por Produto	Percentual por Produto	Percentual Acumulado por Produto	Ordenação da curva ABC	Quantidade inventário
2035	3.321	R$ 16,20	R$ 53.800,20	R$ 53.800,20	27,34%	27,34%	A = 80,08	3.188
1030	16.234	R$ 2,77	R$ 44.926,90	R$ 98.727,10	22,83%	50,17%		15.747
1020	31.847	R$ 0,61	R$ 19.346,75	R$ 118.073,85	9,83%	60,00%		30.891
2050	4.698	R$ 3,51	R$ 16.489,98	R$ 134.563,83	8,38%	68,38%		4.510
6070	13.325	R$ 1,01	R$ 13.491,06	R$ 148.054,89	6,86%	75,23%		12.725
2015	8.829	R$ 1,08	R$ 9.535,32	R$ 157.590,21	4,85%	80,08%		8.476
3055	2.552	R$ 3,71	R$ 9.472,44	R$ 167.062,65	4,81%	84,89%	B = 15,15	2.460
1060	33,75	R$ 202,50	R$ 6.834,38	R$ 173.897,03	3,47%	88,36%		32
5050	918	R$ 5,27	R$ 4.833,27	R$ 178.730,30	2,46%	90,82%		885
1045	904,5	R$ 4,86	R$ 4.395,87	R$ 183.126,17	2,23%	93,05%		877
5070	465,75	R$ 9,18	R$ 4.275,59	R$ 187.401,75	2,17%	95,23%		449
3025	5.427	R$ 0,68	R$ 3.663,23	R$ 191.064,98	1,86%	97,09%	C = 4,77	5.232
7080	7.668	R$ 0,47	R$ 3.623,13	R$ 194.688,11	1,84%	98,93%		7.323
1010	607,5	R$ 3,17	R$ 1.927,29	R$ 196.615,40	0,98%	99,91%		589
3010	1.688	R$ 0,11	R$ 182,25	R$ 196.797,65	0,09%	100,00%		1.620
			R$ 196.797,65		100,00%			

Classe	Dados do Sistema	%Itens no Sistema	Itens Contados	%Itens Contados (inventário)	Itens com Divergências	Acurácia	% de Diferença da Acurácia
A	R$ 157.590,21	80,08%	R$ 151.861,88	80,08%	R$ 5.728,33	0,9637	3,63%
B	R$ 29.811,54	15,15%	R$ 28.737,37	15,15%	R$ 1.074,18	0,9640	3,60%
C	R$ 9.395,90	4,77%	R$ 9.035,87	4,76%	R$ 360,03	0,9617	3,83%
Totais	R$ 196.797,65	100%	R$ 189.635,12	100%	R$ 7.162,53		

Fonte: Autor

7.2.2.2. Gabarito estudo de caso 2:

Figura 59: Tabela com o gabarito do estudo de caso 2

Código do item	Consumo (unidades / ano)	Custo ($ / unidade)	Custo Total ($ / Total de unidade)	Total Acumulado por Produto	Percentual por Produto	Percentual Acumulado por Produto	Ordenação da curva ABC	Quantidade inventário
1020	31.846,50	R$ 0,61			32,33%	32,33%	A = 79,08%	30.891
1030	16.233,75	R$ 2,77			16,48%	48,80%		15.747
6070	13.324,50	R$ 1,01			13,53%	62,33%		12.725
2015	8.829,00	R$ 1,08			8,96%	71,29%		8.476
7080	7.668,00	R$ 0,47			7,78%	79,08%		7.323
3025	5.427,00	R$ 0,68			5,51%	84,58%	B = 16,23%	5.232
2050	4.698,00	R$ 3,51			4,77%	89,35%		4.510
2035	3.321,00	R$ 16,20			3,37%	92,72%		3.188
3055	2.551,50	R$ 3,71			2,59%	95,31%		2.460
3010	1.687,50	R$ 0,11			1,71%	97,03%		1.620
5050	918,00	R$ 5,27			0,93%	97,96%	C = 4,69%	885
1045	904,50	R$ 4,86			0,92%	98,88%		877
1010	607,50	R$ 3,17			0,62%	99,49%		589
5070	465,75	R$ 9,18			0,47%	99,97%		449
1060	33,75	R$ 202,50			0,03%	100,00%		32
	98.516,25				100,00%		100	

Classe	Dados do Sistema	%Itens no Sistema	Itens Contados	%Itens Contados (inventário)	Itens com Divergências	Acurácia	% de Diferença da Acurácia
A	77.901,75	79,08%	75.161,52	79,11%	2.740,23	0,9648	3,52%
B	15.997,50	16,24%	15.389,51	16,20%	607,99	0,9620	3,80%
C	4.617,00	4,69%	4.452,98	4,69%	164,03	0,9645	3,55%
Totais	98.516,25	100%	95.004,01	100%	3.512,24		

Fonte: Autor

7.2.3. Estudo de caso do capítulo 4

7.2.3.1. Gabarito estudo de caso 1:

Para que a empresa opte na criação de uma Central de Distribuição (CD), será necessário que se deseje armazenar produtos, onde seriam vendidos na filial e entregue pela CD. Caso não exista a necessidade de armazenagem, será mais adequado a criação de um *Transit Point*, pois sua estrutura é menos custosa.

7.2.3.2. Gabarito estudo de caso 2:

A empresa pode aproveitar a estrutura em "U" da Central de Distribuição (CD) e criar um corredor entre as duas docas mais próximas, onde será utilizado apenas para o recebimento através de *crossdocking*, evitando assim, tráfegos desnecessários na CD.

7.2.3.3. Gabarito estudo de caso 3:

A empresa deverá construir a estrutura do *layout* em "U" na Central de Distribuição (CD) e criar um corredor entre duas docas próximas, onde será utilizado apenas para o recebimento através de *crossdocking*, evitando assim, tráfegos desnecessários na CD e criando uma estrutura de corredores com porta pallets para armazenamento em "U".

7.2.3.4. Gabarito estudo de caso 4:

Figura 60: Tabela com o gabarito do estudo de caso 4

Fonte: Autor

7.2.3.5. Gabarito estudo de caso 5:

Figura 61: Tabela com o gabarito do estudo de caso 5

Nº de Empilhadeiras	Op.	Custo Combustível	Op.	Pallets p/ Empilhadeira	Op.	Dias trabalhados (mês)
30		R$ 2.760,00		65		30
R$ 5.280,00	x	30			=	R$ 158.400,00
R$ 2.760,00	x	30			=	R$ 82.800,00
R$ 158.400,00	÷	82.800			=	R$ 241.200,00
30	x	65	x	30	=	58.500
R$ 241.200,00	/	58.500			=	R$ 4,12

Fonte: Autor

7.2.4. Estudo de caso do capítulo 5

7.2.4.1. Gabarito estudo de caso 1:

1) Meio de transporte – A escolha do modal ou dos modais a serem utilizados, permitirá entender os processos que deverão ser utilizados.

2) Via de transporte – Com a definição do modal, acontece a escolha das trajetórias a serem utilizadas.

3) Instalações – Com os dois primeiros elementos definidos, podem ser definidos os locais para se realizar o carregamento, a descarga, o transbordo ou mesmo a armazenagem.

4) Sistema de controle – A criação de uma frota própria atualmente engessa algumas possibilidades de escolhas, sendo a melhor opção, na humilde opinião desse autor, o terceirizado.

7.2.4.2. Gabarito estudo de caso 2:

Um único modal em um país com dimensões continentais como o Brasil não resolve da forma mais adequada, para uma fusão harmoniosa seria a utilização do modal rodoviário, pois é o único que tem capilaridade para fazer entrega porta a porta, podendo fazer a integração de um ou mais, como: o modal ferroviário, e/ou o modal aquaviário, por possuírem baixos custos para grandes volumes e grandes distâncias.

Resolução dos Exercícios de Fixação e dos Estudos de Casos

7.2.4.3. Gabarito estudo de caso 3:

Para a situação A, a intermodalidade é a mais indicada por ter um custo mais baixo para grandes quantidades e longas distâncias, inclusive sendo utilizado o modal rodoviário como um dos envolvidos. Já para a situação B, pode permanecer o modelo de unimodalidade com o modal rodoviário, já que será possível transportar o pouco volume na curta distância com o modal rodoviário.

7.2.4.4. Gabarito estudo de caso 4:

Figura 62: Tabela com o gabarito do estudo de caso 4

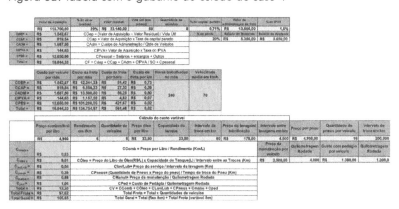

Fonte: Autor

7.2.4.5. Gabarito estudo de caso 5:

Figura 63: Tabela com o gabarito do estudo de caso 5

Fonte: Autor

103

Referências Bibliográficas

Agência Nacional de Transportes Aquaviário – ANTAQ. Acessado em 15/12/2021. Link do site: http://web.antaq.gov.br/Portal/Frota/ConsultarEmpresaAutorizada.aspx

Agência Nacional de Transportes Terrestres – ANTT. Acessado em 15/12/2021. Link do site: https://portal.antt.gov.br/cargas.

BOLG BIANCH. Qual o maior avião do mundo? Descubra aqui. Acessado em 11/12/2021. Link do site: https://blog.bianch.com.br/maior-aviao-de-carga/.

Ferrovia Centro-Atlântica – FCA. Acessado em 15/12/2021. Link do site: https://www.fcatransforma.com.br/

FTI Logística, empresa prestadora de serviços logísticos. Acessado em 07/12/2021. Link do site: https://ftilogistica.com.br/servicos/crossdocking/.

GS1 Brasil. DICIONÁRIO DE LOGÍSTICA GS1 Brasil. Comunicação e Eventos Corporativos. Acessado em 09/12/2021. Link do site: https://www.unifaccamp.edu.br/graduacao/logistica/arquivo/pdf/dicionArio_logIstica.pdf.

NILFISK, empresa de limpeza. Acessado em 07/12/2021. Link do site: https://nilfisk.com.br/segmentos/logistica-e-centro-de-distribuicao/.

RIBEIRO, L. O. de Marins e BOUZADA, M. A. Carino. A Intermodalidade Compensa? Um estudo do escoamento da produção do arroz no corredor Vale do Jacuí (RS) até a Região dos Lagos (RJ) – SP. SIMPOI, 2010, São Paulo. Anais...São Paulo: SIMPOI, 2010.

RIBEIRO, Luís Otavio de M. e BOUZADA, Marco A. C. Logística Operacional Interna. Editora Ciência Moderna – Rio de Janeiro – RJ.